Ana María Godínez

También de Ana María Godínez

El Prodigio

Integra la Competitividad como herramienta clave en todas las áreas de tu vida.

www.elprodigioww.com

Ignius Media Innovation, 2008

Despertar

Libera el potencial infinito que hay dentro de ti.

www.despertemos.net

Ignius Media Innovation, 2009

Ana María Godínez

¡Consigue lo que deseas!

Vitaminas para el
ÉXITO

¡Pasa de donde estás a
donde quieras llegar con
la dosis correcta!.

ANA MARÍA GODÍNEZ
El Prodigio, Despertar

Vitaminas para el Éxito

D.R. © 2011, Ana María Godínez González
www.igniusmedia.com

Publicado por:

© 2011, Ignius Media Innovation.,

León, Guanajuato, México

+52 (477) 773-0005

www.igniusmedia.com

Diseño de Cubierta:	Gustavo Hernández y Leonardo Daniel Atilano
Diseño de Interiores:	Gustavo Hernández
Corrección de Estilo:	Luz del Carmen Rábago Virgen
Fotografía de Portada:	Gustavo Hernández
Primera Edición:	Febrero, 2011
ISBN:	978-607-00-4189-1
Registro de Autor:	03-2011-022810472900-01

Agradecimiento

En este libro y momento de mi vida, quiero dar un especial agradecimiento a Gustavo Hernández, mi esposo, amigo, maestro, guía, socio en los negocios y parte fundamental en mi vida.

Gracias por estar siempre a mi lado, apoyando mis ideas, mi crecimiento y desarrollo, y sobre todo, por motivarme cada día de estos casi 20 años para mejorar.

Gracias por ser como el gran Escultor Miguel Ángel, y ayudarme a pulir y sacar de los más profundo de mi Ser, mi potencial. Has hecho un muy buen trabajo, y este libro es también para ti el mayor tributo que te puedo dar en este momento de mi vida.

Con todo mi amor y admiración:

Ana Amuri.

Dedicatoria

Dedicado a un gran hombre: Napoleón Hill, mi maestro, mi amigo y mi "abuelito" como le digo de cariño. Ya que a través de todos sus libros y conocimiento me permitió Despertar y entender que el éxito es ese poder interno que cada uno de nosotros tenemos para lograr cualquier cosa que deseamos en la vida. Gracias por los 25 años de tu vida que dedicaste a documentar una filosofía de éxito que funciona. Gracias por inspirarme y haber detonado en mí el comprometerme y vivir cada día de mi vida al máximo.

Gracias por permitirme conocer a los grandes hombres de tu época y aprender muchas cosas de su vida. Gracias por dejar un legado tan grande a mi generación y a las que me seguirán, pues tu mensaje siempre es actual y sé que será atemporal.

Gracias por inspirarme a seguir compartiendo y recordándole a cada persona con la que tenga contacto, el poder mental que tenemos para lograr cualquier cosa que deseemos.

Gracias y simplemente gracias, por todo lo que has aportado en vida, pues lo creas o no, has sido una de las más grandes influencias en mi vida para lograr el éxito que hoy tengo.

Con todo mi cariño y admiración:

Ana María.

Introducción

Día a día tenemos la gran oportunidad de cambiar nuestros resultados y nuestra vida.

Vitaminas para el Éxito a través de cada una de sus páginas, tiene el objetivo de compartir contigo reflexiones, ideas, experiencias, etc., que te apoyen día a día a identificar y tomar todas las opciones que están disponibles para ti.

Cada uno de nosotros podemos ser realmente exitosos en cualquier área que nos propongamos, sin embargo, no todos llegan a lograrlo. La diferencia se encuentra en nuestros pensamientos, en las claridad que tengamos de lo que queremos en la vida y, en la acción y determinación que tengamos para trabajar en ello cada día y hasta que suceda.

Vitaminas para el Éxito te brinda pequeñas dosis de ideas, que si las reflexionas y las llevas a la acción, tus resultados mejorarán. Y hablo de mejorar, porque también nuestra mente, (como nuestro cuerpo), necesita ser alimentada y cuidada para que no se contamine con toda la negatividad y problemas que existen alrededor nuestro.

Cuando enfermamos de algo y vamos al Doctor, (este profesional de la salud), nos hace preguntas que lo llevan a identificar el problema o el origen de la enfermedad e inmediatamente que sabe qué es lo que nos pasa, nos receta la medicina, los nuevos hábitos alimenticios y Vitaminas.

Siguiendo la analogía anterior, actualmente muchas personas se encuentran enfermas, y algunas en crisis y en estado delicado por la situación que estamos viviendo. Muchos (la mayor parte del tiempo), en sus pláticas hablan de la inseguridad, el narcotráfico, la situación económica, laboral, la negatividad, y tantas cosas que van quitándole el sabor y la diversión a nuestra vida, y lo peor de todo esto es que nada de lo que se habla está en sus manos solucionarlo.

Más bien, el resultado es que la mente de estas personas se va contaminando con pensamientos negativos, que teniéndolos durante varios meses o años, sin duda, afectan las emociones de la persona. Generando emociones de miedo, angustia, terror, falta de fe, incomodidad, enfado, frustración, desilusión, culpa, sobrecarga, soledad, etc. y, al tener este tipo de emociones, es muy lógico que los resultados serán negativos y por lo tanto, cada vez, la persona se siente peor.

Como a este momento te preguntarás, lo que yo durante mucho tiempo me pregunté: ¿Por qué sucede lo anterior o cuál es su origen? Bueno, pues te diré que es muy sencillo. Así como dicen que nuestro cuerpo y nuestra salud es el resultado de nuestros hábitos y de lo que comemos, así también, la percepción que tenemos de la vida es por como estamos alimentando nuestra mente. Te explico: No pienses en este momento en ti, más bien piensa en alguien que se levanta oyendo las noticias, al momento del desayuno lee y se entera de todos los problemas y dificultades que hay en el país y en el mundo. Se dirige al trabajo, llega y, antes de comenzar a trabajar, sus compañeros hablan de toda la crisis y negatividad, (Sé que te lo puedes imaginar, pues es lo que la mayoría de las personas hacen). Comienza el día de esta persona, sin embargo, desde las primeras horas de la mañana ya se encuentra sobrecargada de problemas y crisis, lo cual ocasiona que no se pueda concentrar y, para no hacer el cuento largo, ya pasaron las 8 hrs de su trabajo y esta persona está realmente agotada, y camino a su casa prende el radio y sigue en sintonía con los nuevos acontecimientos del día. Cena y, para rematar, ¿por qué no ver la televisión?, ¡esto es bueno!, sin embargo, él, (como la mayoría de las personas), decide ver las noticias a las 10:30 pm, digo para rematar, pues esto sin duda, afectará su sueño, sus emociones, y al día siguiente y todos los demás días este ciclo continuará afectando su actitud mental...

Y ahora bien, en tu caso, como la persona hipotética que acabamos de describir, será tu decisión romper ese ciclo, pues si sigues alimentando tu mente con información negativa, de crisis, de problemas, de muerte, de inseguridad, etc., todo esto te afecta de una manera u otra y por eso muchas veces no ves las opciones para mejorar.

Así que, ahora el desafío es: Identificar cómo cambiar estos hábitos que están alimentando y contaminando tu mente de manera negativa. Cada uno de nosotros tiene el poder de tomar la decisión de qué cambios hacer, para que con los días mejore tu actitud mental. Yo te garantizo que si empiezas a ocupar tu tiempo alimentando tu mente con información positiva, leyendo, viendo otro tipo de programas, reuniéndote con personas que tienen una alta energía y una actitud mental positiva, podrás mejorar y aprender de una manera diferente que en la vida: ¡Sí hay opciones para mejorar y ser exitoso!

Te felicito por tener en tus manos Vitaminas para el Éxito. Un libro escrito para que si tú lo decides, puedas leer una Vitamina al día y tomar acción o implementar algo diferente en tu vida. También se vale que dependiendo de cómo te sientas, puedas leer más de una Vitamina al día o leer todas las Vitaminas en una semana, independientemente de cómo decidas leer este libro, si lo haces con entusiasmo y disciplina, comenzarán a entrar a tu mente reflexiones e información que te ayudarán a mejorar tus resultados y el éxito que tú quieres para tu vida.

A diferencia de la medicina tradicional, con Vitaminas para el Éxito, si te excedes, no le hará daño a tu mente o a tu salud, sino que ¡al contrario!, aportará algo para mejorar tu actitud mental. Pero como todo en la vida, si lo terminas y no buscas más libros o información que te ayude a alimentar o nutrir tu mente de una manera diferente "positiva", volverás a los mismos hábitos de pensar negativo.

Así que, ahora que estás a punto de comenzar, quiero agradecerte por tomar este libro en tus manos. Te deseo lo mejor y mi mayor deseo es que de aquí en adelante, te comprometas contigo mismo a ser consciente de cómo día a día estás nutriendo o alimentando tu mente.

Vitamina 1

Éxito

«El éxito es el desarrollo del poder con el que uno consigue cualquier cosa que desea en la vida sin interferir con los derechos de los demás».

Napoleón Hill

Sabias palabras de uno de los grandes maestros de mi vida. En lo personal, me llevó muchos años comprender que el éxito era bueno, y que yo tenía la oportunidad de ser exitosa, (independientemente de lo que yo aprendí en mi pasado), hoy te puedo decir que el éxito es algo bueno y que es una gran oportunidad que tenemos como seres humanos para ser más plenos y felices.

Muchas veces relacionamos el éxito con tener dinero, y al momento que lo tenemos, ya no fue suficiente y requerimos de buscar más. Es por esto que la definición que Napoleón Hill comparte de éxito se me hace tan clara y completa, ya que él en ningún momento está hablando de lo económico, sino que es más general al hablar de: "...ese poder con lo que podemos lograr cualquier cosa que nos propongamos...", lo cual puede incluir la parte física, lo personal, lo emocional, lo espiritual, las relaciones personales, y tantas cosas que nos permitirán sentirnos satisfechos y exitosos.

Bajo esta definición todos y cada uno de nosotros tenemos en el día a día la gran oportunidad de ser exitosos. Así que, este día y todos los días de tu vida son un buen día para retomar esos proyectos, esas metas o sueños que te ayudarán, una vez que lo logres, a sentirte pleno y feliz.

Como seres humanos tenemos la capacidad de día a día aprender nuevas cosas. Te invito a abrir tu mente para reflexionar y aprender de una nueva manera para ver el éxito, no le temas más, tienes esa gran oportunidad de desarrollar ese poder interno, esa voluntad y determinación para lograr cualquier cosa que te propongas en la vida y, recalco y subrayo: "cualquier cosa". Así que te invito a comenzar a creer que tú también puedes cambiar tus resultados y tu historia hasta el día de hoy, ya que si otros han logrado desarrollar ese poder para lograr cualquier cosa que se propusieron, te tengo noticias: ¡Tú también podrás!

Vitamina 2

Actitud Mental Positiva

No obtendrás el máximo beneficio de lo que te propongas hacer, de lo que te propongas lograr, sin entender y emplear la ACTITUD MENTAL POSITIVA.

Para lograrlo siempre debes:

1. Reconocer que tu actitud mental es lo único sobre lo que tú y, —sólo tú— tienes control total, nadie más. Los pensamientos, "nuestros pensamientos" generan emociones, y dependiendo del tipo de emociones que sintamos son nuestros resultados. Así que, el reto es: Ser conscientes de lo que pensamos o tenemos en la mente, ya que, si tus pensamientos son de confianza,

de seguridad, positivos, de éxito, etc., sin duda, tus resultados serán geniales. Sin embargo, si tus pensamientos son negativos, automáticamente ya sabrás que sucede lo opuesto. La buena noticia es que: ¡Tú tienes el control!, tú decides qué tipos de pensamientos albergan en tu mente.

2. Elimina de tu mente y de tu corazón, los pensamientos negativos. Aprende a desarrollar la flexibilidad para cambiar rápidamente a pensar en cosas positivas que te apoyen a ir hacia adelante. Está demostrado que los pensamientos negativos atraen a tu vida: enfermedad, pobreza, enemistades, crisis, problemas y tantas cosas que no vale la pena mencionarlas, ya que lo sabemos y lo hemos experimentado. Así que Hoy y siempre, será un muy buen día para dejar ir todos esos pensamientos negativos que no te son útiles, y durante mucho tiempo te han obstaculizado y no te han permitido reconocer el enorme potencial que tienes.

3. Haz el hábito de pensar y hablar siempre en positivo. Como nuestros pensamientos generan emociones, si éstas son positivas, lo proyectarás cada día, además de que podrás lograr cualquier cosa que te propongas en la vida. Pues una de las claves más importantes para lograr tu éxito y cualquier cosa que te propongas es: "Tu Actitud". Así que, te invito a que revises la actitud que tienes ante tu vida, en tu trabajo, con tu familia, con tus amigos y lo más importante: contigo mismo. Si cada vez eres más consciente de lo que sucede en el interior de tu mente, cada vez tendrás una mejor Actitud.

Vitamina 3

Aprendizaje

La vida es aprendizaje y estás aquí para disfrutar y vivir, ¡No te atormentes diciendo que no puedes o no sabes! Si no tienes la información o no sabes cómo, ¡Ocúpate y comienza a saber!

Hoy y siempre, es una gran oportunidad para disfrutar y reconocer el enorme potencial y grandeza que tienes como ser humano. Muchas veces las cosas no salen como uno espera y entonces aparece la frustración y pensamientos: "de que no sabemos", "que somos incompetentes", o que "no tenemos la preparación o los recursos para triunfar", sin embargo, tú decides cómo quieres vivir...

Un personaje de la Historia que admiro y respeto es Edison, ya que él se dedicó a vivir, a disfrutar, y a generar más de 1093 patentes de inventos que ayer y hoy siguen siendo de utilidad.

Por supuesto que Edison no sabía muchas cosas y esto le hacía cometer errores, sin embargo, la diferencia de él contra muchas personas, fue que él siempre lo siguió intentando, nunca se dio por vencido y si no sabía, pues preguntaba, y si a quien le preguntaba tampoco sabía, pues seguía preguntando hasta que obtenía las respuestas, o si lo que estaba haciendo no funcionaba, pues lo seguía intentando una y otra vez.

Por favor, ya no llames "fracaso" a todos esos intentos o derrotas temporales que han sucedido en tu vida, ahora te invito a llamarlas "Aprendizaje", y a que lo sigas intentando una y otra vez, hasta que suceda, ¡No desistas! Edison, al igual que tú y que yo, tenía las mismas capacidades. Así que sigue aprendiendo, viviendo y disfrutando de esta gran experiencia que llamamos "Vida".

Hoy y siempre, será un muy buen día para buscar la información que está haciendo falta en nuestra vida o en nuestros proyectos, por lo tanto, comprométete y elimina todos esos miedos con nueva información. No por nada dicen que: "La información es poder".

Vitamina 4
Áreas de Oportunidad

¿Tienes algún problema?, ¡ESTUPENDO!, ¿Por qué? Porque las repetidas victorias sobre tus problemas constituyen los peldaños de la escalera que te conducirá al ÉXITO. Con cada VICTORIA aumenta tu sabiduría, tu contexto, tu situación y tu EXPERIENCIA.

La vida es cuestión de perspectivas, ya que la misma situación puede ser percibida de diferente manera por cada persona, ya que cuando tenemos un problema, muchas veces es una señal de alerta y una oportunidad para crecer como personas y ser más profesionales.

Desde el punto de vista de la neurolingüística, abordamos mejor los problemas al llamarlos de otra manera, y la mejor manera de llamarles es "Áreas de oportunidad", ya que al pronunciarlas así, en nuestra mente sucede algo mágico que nos permite ver las opciones y las soluciones para resolverlo, a diferencia de cuando sólo nos quedamos con "el problema" y lo que sucede es que no vemos opciones, es como si tuviéramos una barrera mental.

Esta perspectiva de los problemas es ¡genial!, pues siempre te permitirá tener la actitud correcta para solucionar cualquier obstáculo o barrera que se te presente y, si además, aprendes a reconocer que después de resuelto el problema tendrás una gran recompensa traducida en más opciones, sabiduría, contexto y experiencia, sin duda, esto te motivará para convertirte en un experto al resolver los problemas.

Edison fue una gran persona e inventor, que trascendió a la Historia gracias a todos los inventos y patentes que generó, y esto sólo lo pudo lograr gracias a la perspectiva que tomó siempre frente a los problemas u obstáculos que se le presentaban.

Cuando estaba en el proceso de generar el invento del foco, se enfrentó con más de 10,000 problemas, obstáculos o fracasos y, ¿cómo salió de ellos?, pues fue sencillo, sólo a través de pensar de otra manera, y tener una perspectiva completamente diferente frente al obstáculo o problema, y ésta fue: Verlos como áreas de oportunidad y reconocer que si seguía haciendo exactamente lo mismo, jamás iba a llegar a la meta.

Así que, Hoy y siempre, será un gran día para reaprender que siempre atrás de cualquier problema, una vez que lo resuelvas... ¡Obtendrás grandes beneficios!

Vitamina 5

Información es Poder

«Pensar sin conocimiento es el mayor problema de la existencia humana».

Eckhart Tolle

Para avanzar en la vida personal y profesional, siempre será muy importante contar con la información clave que te de el conocimiento necesario para pensar diferente, y reconocer cada opción que te permita llegar a las metas, objetivos o resultados que tú deseas.

Es totalmente cierto que la información es poder. Cuando no tenemos información o datos importantes surge el miedo, y al tener miedo aparecen las inseguridades, ansiedad, temores, etc., y lo único que pasa es que, ¡No te atreves a intentarlo o hacer que sucedan las cosas!

La mejor definición de miedo que he encontrado es que: "El miedo es sólo falta de información". Por lo que, cuando tenemos la información, el miedo desaparece, y la información se convierte en conocimiento, que nos da la certeza y seguridad para atrevernos a trabajar para alcanzar nuestros objetivos.

No pienses sin conocimiento, piensa siempre con la información correcta para que ésta te permita avanzar y lograr cualquier cosa que te propongas.

Hoy y siempre, es un gran día para accesar y enriquecer nuestro conocimiento personal y profesional en cualquier área de tu vida, sólo no te olvides de tomar ACCIÓN, pues el conocimiento sin acción, no sirve de nada.

Vitamina 6

Inspiración

Hoy y siempre, es un buen día para contarte una historia inspiradora...

Esta historia comenzó en Winchester, Massachusetts, (hace 43 años), cuando nació Rick Hoyt.

De alguna manera se le enredó el cordón umbilical alrededor de su cuello, dañando su cerebro y sus extremidades.

Los Doctores les dijeron a los padres de Rick, que iba a vivir como un vegetal para el resto de su vida. Pero Dick Hoyt, (el padre de Rick), notó la manera en que los ojos de Rick le siguieron por la habitación y en ese momento inició su esperanza...

Cuando Rick cumplió 11 años de edad, lo llevó al Departamento de Ingeniería en la Universidad Tufts y preguntó si había algo para ayudar al niño a comunicarse.

—De ninguna manera, —le respondieron—, no ocurre nada en su cerebro.

—Cuéntale un chiste, —le dijo Dick a uno de los Ingenieros de la Universidad.

Lo hicieron y... Rick sonrió.

Resulta que mucho ocurría en su cerebro. Lograron crear un sistema en el que a través de un equipo, le permitía a Rick controlar el cursor al tocar un interruptor con el lateral de la cabeza.

Rick finalmente pudo comunicarse, escribiendo a través de la computadora. Sus primeras palabras fueron: "¡Arriba Bruins!" (Un famoso equipo de hockey sobre hielo).

Después de un tiempo, escuchó que un joven de secundaria había quedado paralizado en un accidente, y la escuela organizó un maratón de caridad para él, y Rick le logró escribir a su padre:

—Papá, quiero participar.

—Sí, claro —dijo el Papá de Rick— (de una manera sarcástica). Jamás he corrido más de una milla seguida, ¿cómo voy a empujar a mi hijo cinco millas?

Sin embargo,... lo intentó. Y después de la carrera, Dick decía:

—Parecía yo el minusválido, por dos semanas estuve adolorido como nunca antes.

Ese día cambió la vida de Rick por completo.

—Papá, —le escribió en el monitor—, cuando estábamos en la carrera, pude sentir como si ya no estuviera discapacitado.

Y esa frase le cambió la vida de Dick. A partir de ese momento se propuso a darle a Rick "ese sentimiento", tan a menudo como podía.

Logró desarrollar una condición física lo suficientemente fuerte, ya que él y Rick estaban dispuestos a participar en el Maratón de Boston en 1979.

Unos años después, encontraron la manera de entrar en la carrera Oficial. En 1983, corrieron en otro maratón, tan rápido, que lograron hacer el tiempo requerido para calificar en la carrera de Boston al año siguiente.

Entonces alguien le dijo:

— Oye, Dick, ¿por qué no un triatlón?

—¿Cómo es que un tipo que nunca aprendió a nadar, y no ha andado en bicicleta desde que tenía seis años, va a arrastrar a su hijo de 110 libras a través de un triatlón? —Fue la respuesta de Dick.

Sin embargo, Dick lo intentó por su hijo:

En 2011, con las edades de 65 y 43, Dick y Rick terminaron su 24vo. Maratón de Boston, llegando en la posición número 5083, en una carrera donde corren más 20,000 participantes, y han hecho 212 triatlones, incluyendo también, cuatro agotadoras competencias de 15 horas en la famosa carrera de Ironman en Hawái.

En www.youtube.com podrás ver y emocionarte con esta gran historia, que (en lo personal), espero que no se quede sólo ahí, sino que realmente te invite a seguirlo intentando y dar tu máximo esfuerzo siempre.

Vitamina 7

Capacidad de Aprender

Si queremos cambiar nuestros RESULTADOS, nuestra realidad, y la vida que hemos llevado hasta este momento, debemos comprometernos con una preparación continua que nos permita avanzar.

La información es poder y, si te conviertes en un aprendiz de por vida, siempre tendrás opciones y recursos suficientes para seguir avanzando.

Una perspectiva que me encanta de la vida, es que cada día es un nuevo día para aprender, mejorar y poner acción en aquellas áreas que no nos gustan o nos desagradan. Siempre cada día nos brinda esa oportunidad y, ya dependerá de cada uno de nosotros aprovecharlo o seguir quejándonos y padeciendo de la vida que hemos decidido tener.

Brian Tracy, un autor que respeto mucho por la claridad en la que escribe, me ha enseñado que una de las mayores habilidades que tiene una persona es su capacidad de aprender y tomar el control de su vida.

La diferencia entre una persona de éxito y otra que no lo tiene, es que ésta no se percibe claramente en la habilidad de aprender y mejorar cada día de su vida.

Así que hoy y siempre, tenemos la gran oportunidad de mejorar nuestros resultados, cambiar nuestra realidad y, por lo tanto, nuestra vida. Si nos comprometemos a estar despiertos para aprender en cualquier situación o de cualquier persona, de verdad que cada nuevo día te dará este gran regalo.

La vida es cuestión de aprendizaje, así que, si quieres vivir una gran vida llena de experiencias que te enorgullezcan, ¡No dejes de aprender!

Vitamina 8

Oportunidad

No son los acontecimientos los que configuran mi vida, lo que determina cómo me siento y actúo, sino más bien, la forma que tengo de interpretar y evaluar las experiencias de mi vida. El significado que doy a cada acontecimiento, determinará las acciones que tome, las acciones que emprenda y, en consecuencia... mi Destino.

Una gran verdad es que: "Tú no eres esclavo de tu pasado". Sin embargo, la mayoría de las personas viven encadenadas a él, y al no ser conscientes de esto, todo lo que les sucede en el ahora, en el presente, lo llevan a ser evaluado con el "filtro" del pasado y, una y otra vez, están determinando la realidad de su presente con algo que ya sucedió...

Como seres humanos, tenemos la gran oportunidad de controlar nuestras emociones, nuestros pensamientos, y por consiguiente, la manera en como nos sentimos. Sé que esto se lee muy fácil y probablemente tengas dudas, sin embargo, debo decirte e invitarte a que profundices más en lo anterior, ya que está demostrado que nuestros pensamientos generan emociones y estas emociones generan resultados o acciones y, este sencillo procedimiento lo estamos repitiendo una y otra vez.

Hoy y siempre, tenemos la gran y maravillosa oportunidad de ser conscientes de nuestros pensamientos. De manera que, no dejes que los acontecimientos desagradables que pasan en tu día a día determinen tu realidad y tu forma de vida.

Te sugiero que cuando suceda algo negativo en tu vida, no te conectes demasiado, y no dejes que esos pensamientos dominen tu mente. Por favor, separa el hecho de tu opinión, y pregúntate: ¿Qué fue lo que realmente sucedió?, ¿qué fue lo que fue? No te permitas conectarte con situaciones de tu pasado, más bien, analiza la situación, separando los hechos de tu interpretación y sigue hacia delante.

Vitamina 9

Decisión

Puedes y tienes la oportunidad de tener éxito; la gente exitosa no nació así. Ellos eran y son personas normales, que deseaban más. La diferencia es que ellos decidieron hacer algo al respecto para cambiar sus circunstancias. Entonces, lo lógico es que ¡Cualquiera puede hacer lo mismo!, ¡Tú puedes hacerlo!

Lincoln, decía que si otras personas habían alcanzado el éxito, él también lo podía hacer. Así que, Hoy y siempre, debes de recordar esto.

Todas las personas que hoy están en la Historia o personas cercanas a ti que son exitosas, sin duda, también son humanos como tú y como yo, y por lo tanto, tienes las mismas capacidades. Así que, la buena noticia es que: ¡Tú puedes ser una persona exitosa! y lograr cualquier cosa que te propongas. ¡Sí!, leíste bien,... cualquier cosa.

No obstante, quiero ser súper honesta contigo, no bastará sólo el reconocer que ¡Tú puedes ser exitoso!, ya que todas esas capacidades y potencial siempre han estado contigo, ahora te invitaré a que seas consciente de que para lograr cualquier cosa que quieras vas a requerir una gran dosis de trabajo, preparación continua, pasión, determinación, tolerancia, actitud mental positiva, iniciativa y cualquier otro ingrediente que quieras agregar y que te garantice lograr tu éxito.

Hoy y siempre, tenemos la gran oportunidad de cambiar las circunstancias negativas que rodean nuestra vida y, comenzar a tomar la acción y la responsabilidad necesaria para alcanzar nuestras metas.

Ya deja de ser esclavo del "fracaso" y de tu pasado, si sigues con los mismos pensamientos y acciones vas a obtener "el mismo resultado".

Recuerda que tienes la capacidad y las oportunidades necesarias para lograr cualquier cosa que te propongas, así que, sólo comienza a tomar acción y te sorprenderás de todo lo que lograrás.

Vitamina 10

Pensamientos

Con un solo PENSAMIENTO podemos cambiar nuestra REALIDAD. ¡Sí se puede estar mejor y sentirnos mejor! Cada día es una gran oportunidad para DESPERTAR y disfrutar de todo lo bueno que nos rodea.

Los pensamientos son energía y al ser energía generan o emiten ondas que atraen energía similar. Si tú tienes pensamientos negativos, te garantizo que todo lo que atraerás para tu vida será negativo. En cambio, si conservas la mayor parte de tu día pensamientos positivos, más cosas positivas y buenas llegarán a tu vida.

De verdad que es así de sencillo, tú tienes el control y puedes decidir cuáles serán los pensamientos que te acompañarán en tu vida, y por lo tanto, que determinarán tus resultados.

¡No lo pienses mucho!, cualquier cosa que quieras obtener o lograr para tu vida, llegará más rápido si conservas tus pensamientos positivos, y tienes la capacidad de cambiar cuando las circunstancias hagan que los pensamientos negativos aparezcan en tu mente.

Durante los años se ha hablado mucho de los pensamientos, sin embargo, lo más alarmante y crítico del asunto, es que después de todos estos años seguimos viéndolo como algo muy sencillo, pero a la vez tan difícil de asimilar.

Ya no lo pienses más, ¡Esto es cierto!, toma ACCIÓN, y sé consciente de los pensamientos que están presentes en tu día a día, porque ellos determinarán tu realidad y esta REALIDAD es tu VIDA.

Recuerda que esto de los pensamientos es como si los pensamientos fueran una moneda de dos caras, y tú elegirás qué cara de la moneda tiene tu vida: ¿Positiva? o ¿Negativa?

Hoy y siempre, tienes la oportunidad de cambiar tu REALIDAD, a través de tus pensamientos.

Vitamina 11

Sueña

Cada mañana y nuevo día nos da la gran y maravillosa oportunidad de SOÑAR con un mañana diferente, en el que cada uno de nosotros seamos los dueños de nuestro destino. Para lograrlo sólo necesitas tener presente la fe de que todo puede cambiar, si así lo decides.

Te invito a leer con atención cada una de las palabras de esta bella canción:

Sueña
con un mañana
un mundo nuevo
debe llegar.
Ten fe
es muy posible
si tú estás
decidido.

Sueña
que no existen fronteras
y amor sin barreras
no mires atrás.

Vive
con la emoción
de volver a sentir, a vivir la paz.

Siembra
en tu camino
un nuevo destino
y el sol brillará.

Donde
las almas se unan en luz
la bondad y el amor
renacerán.

Y el día que encontremos
ese sueño cambiarás
no habrá nadie que destruya
de tu alma la verdad.

Ten fe
es muy posible
si tú estás
decidido.

Sueña
con un mundo distinto
donde todos los días
el sol brillará.

Donde
las almas se unan en luz
la bondad y el amor
renacerán.

Sueña, sueña tú...

Sueña

Hoy y siempre, es un gran día para tener esperanza y soñar que podemos mejorar nuestras circunstancias. La invitación es que: "Nunca lo dudes".

Vitamina 12

Agradecimiento

Hoy es un muy buen día para AGRADECER por todas las personas, cosas sencillas o grandes que tenemos en nuestra vida. Al agradecer estamos presentes y viviendo el AHORA.

Uno de los grandes personajes que exploro en mi libro Despertar es el AGRADECIMIENTO, pues hace que tu vida sea más plena y sencilla.

Agradecimiento es una palabra tan simple y sencilla que tampoco la hemos comprendido del todo. El agradecer implicar mostrar gratitud ante todo lo que sucede en nuestra vida, y muchas veces también en esas circunstancias negativas, ya que en cualquier momento que aparezcan en nuestra vida nos dan la gran oportunidad de aprender.

Al agradecer, las personas vivimos más tiempo en el presente, en el "Ahora", debido a que somos conscientes de todo lo positivo que nos rodea.

Algunas veces en la vida, (como todo ser humano), nos perdemos y sentimos mucha frustración por desear o aspirar a cosas sólo en la parte financiera, y nos metemos en una carrera de: ¡quiero!, ¡quiero!, ¡quiero todo!, y al estar en la pista de tu vida, te desconectas de todo lo bueno que ya tienes y has logrado gracias a tu esfuerzo, de las personas que te rodean, etc.

Si cada día de tu vida agradeces por todo lo bueno que tienes y que te rodea, te garantizo que tendrás una vida más plena y feliz, porque ¡Te sentirás bien!, y entonces estando en la realidad, en tu realidad, podrás lograr muchas otras cosas más.

El AGRADECIMIENTO es un gran hábito que te recomiendo invitar a tu VIDA, ya que al ser agradecidos y reconocer todo lo positivo que está cerca de nosotros o hemos logrado, la VIDA se hace más sencilla y plena.

Hoy y siempre, es un buen día para agradecer por todo lo que nos rodea. Te invito a que todo este día seas consciente y agradezcas también por todo lo bueno que sucederá...

Vitamina 13

Grandeza

Hoy y cada día de tu VIDA sé consciente de tu POTENCIAL de grandeza, y del poder que tiene tu mente para cambiar tus RESULTADOS.

Tú y nadie más, eres responsable de los resultados de tu vida. Lo que has logrado hasta este momento de tu vida, es gracias al esfuerzo y dedicación que tú le has puesto para lograrlo.

Como seres humanos, tenemos un enorme potencial que está "dormido" y esperando a ser utilizado para apoyarte a lograr cualquier cosa que te propongas.

Si utilizas el poder de tu mente, traducido positivamente a los pensamientos que tienes sobre tu persona, sobre los demás, sobre tu éxito, sobre las oportunidades que están ahí, etc., sin duda, lograrás mejores resultados.

Hoy y siempre, es un gran día para decir: "¡Yo puedo y lo haré!", "¡Yo puedo y tengo la capacidad para hacerlo!", "Otras veces lo he logrado y eso lo debo de tener presente, para lograr muchas otras cosas más".

Este es el tipo de pensamientos generarán en ti la confianza y determinación para atreverte a mejorar tu vida y, por lo tanto, a tener mejores resultados.

Siempre es un gran día para reconocer tu grandeza y todo tu potencial. Recuerda que si otros lo han hecho, tú también la podrás hacer en grande, y si tienes dudas o no sabes cómo, por favor, ¡Muévete y rodéate de las personas correctas para lograrlo!

Vitamina 14

Pensamientos

«Somos lo que pensamos. Todo lo que somos surge con nuestros pensamientos. Con nuestros pensamientos hacemos nuestro mundo».

Buda

Te deseo un excelente día y deseo que todos los pensamientos que surjan en tu mente sean positivos y te apoyen a sentirte más pleno y feliz.

Si piensas que eres una persona no exitosa o que has fracasado muchas veces, no hay duda de que estos pensamientos te paralizarán, y no tendrás la energía y la fuerza para cambiar esa realidad.

En cambio, si piensas que eres una persona capaz, exitosa y que Hoy y siempre, tienes la gran oportunidad de volver a intentarlo, y aprender de los resultados negativos, te garantizo que tendrás resultados muy diferentes.

La vida feliz y plena es sencilla. Eres lo que piensas, y de ti depende tener cada día un mejor día y de aprovechar todas las oportunidades que ahí están.

Vitamina 15

Soluciones

Afronta las dificultades cuando todavía son fáciles; haz grandes cosas mientras aún sean pequeñas. "El sabio no intenta nada que sea muy grande, y así alcanza la grandeza". Despierta y toma el control de tu vida.

Una realidad de la vida, —de nuestra vida —, es que en ocasiones no todo saldrá de maravilla o como lo hemos pensado o planeado, sin embargo, algo que sí cambiará estas situaciones será, sin duda, la manera en que afrontamos estas mismas situaciones.

Algo que siempre me ha ayudado es tener presente que siempre hay soluciones para todo, por más grave que sea siempre habrá opciones y alternativas que nos permitan salir adelante, y esto para mí es una creencia o paradigma que me ha permitido salir adelante.

Cuando hablamos de ciertas dificultades, es responsabilidad de cada uno de nosotros tomar el control y comenzar a trabajar para cambiar las circunstancias, y que mejor es tomar el control cuando aún los problemas o dificultades son pequeñas, cuando poniendo nuestra acción y enfoque podemos revertir el resultado.

Hoy y siempre, es un buen día para comenzar a eliminar todos los pequeños obstáculos o problemas que nos han acompañado en nuestra vida. Sólo es cuestión de decidirte y poner acción, pues te recuerdo que entre más tiempo dejes pasar, estas dificultades o problemas se harán más grandes.

Entonces, ¿Por dónde comenzarás para tener una mejor calidad de vida?

Vitamina 16

Despertar

«Si es bueno vivir, todavía es mejor soñar, y lo mejor de todo, despertar».

Antonio Machado

DESPIERTA a tu vida y a las oportunidades que están ahí o que ya pronto aparecerán. Sólo depende de ti tomar la ACCIÓN, aún a pesar de que las cosas no estén saliendo como esperas, nunca dejes de trabajar y poner la acción necesaria para que se hagan realidad todos tus sueños y objetivos.

¡Sí tienes el Control!, sólo hay que comenzar a ACTUAR y avanzar paso a paso. No quiero engañarte y decirte que todo sucederá de manera rápida con sólo pensarlo, o que estando en la comodidad de tu casa tu vida se resolverá por arte de magia.

Hoy y siempre, es un buen día para tomar el control de tu vida, de tus decisiones, de tus acciones y ser consciente de que para vivir una vida plena y feliz tienes que motivarte con sueños, metas o retos que le den ese sabor de aventura y reto constante a tu vida, pues cuando lo logras, "despiertas" y comienzas a disfrutar y a vivir de esos logros.

El despertar para lograr tus sueños, implicará el esfuerzo y trabajo continuo para que sucedan tus objetivos y proyectos, no te quedes durmiendo, esperando y viviendo sin pasión, despierta para trabajar y enfocar tus energías y tu vida en lograr cualquier cosa que te propongas.

Vitamina 17

Análisis Personal

Cada persona es el reflejo de sus pensamientos que ha concebido y albergado durante toda su vida entera. Sus pensamientos se ven reflejados en su cara, en su cuerpo, su carácter y en todo lo que le rodea. Si quieres alcanzar tus más grandes sueños, debes de comenzar a ser consciente de tus pensamientos.

La realidad de tu vida como lo he compartido anteriormente, está determinada por tus pensamientos: ya que estos pueden generar el éxito, la abundancia, la prosperidad y el progreso, pero... también pueden generar la pobreza, la enfermedad, la angustia y el miedo.

Obsérvate frente al espejo unos minutos y ve a detalle tu cara, tu piel, tus arrugas, tu pelo, tu cuerpo ¿Cómo se encuentran?, han pasado años que ni siquiera has tenido tiempo para observarte y ver cómo te perciben las otras personas.

Este ejercicio sé que puede dar miedo, no te me preocupes, sino más bien, te recomiendo ocuparte y cambiar la realidad que no te haya gustado de tu persona, porque ¿Sabes algo?, ¡Sí puedes y podrás! siempre cambiar la realidad de tu vida a través de tus pensamientos.

Analiza el día de hoy, ¿Cuáles son los pensamientos más recurrentes que rondan tu mente?, ¿Estos son de miedo, de tristeza, de fracaso, de enfermedad, etc.?, o ¿Son pensamientos de fe, de éxito, de abundancia, de creer en ti?...

Una vez que logres identificarlos, te pido que revises como estás tú alimentando estos pensamientos, y créeme que esto es la cosa más sencilla, pues todo lo que haces en tu día a día determina tus pensamientos. Te invito a pensar: ¿Qué estás leyendo?, ¿En qué enfocas tu atención la mayor parte del día?, ¿Con quiénes te relacionas?, ¿Cómo es tu actitud ante los problemas?

Puede haber muchas otras preguntas, lo importante es empezar a identificar de manera consciente lo anterior. Ya que si lo haces y tomas la acción para cambiar lo negativo, te garantizo que tu vida tendrá una realidad diferente, y lo mejor de todo será que todo comenzó sólo con tus pensamientos.

Vitamina 18

Metas

«Una meta es sueño con fecha de entrega».

Napoleón Hill

Si quieres que tus metas y sueños comiencen a suceder, no olvides ponerle una fecha de término, ya que si está claro para ti cuándo debe suceder, te garantizo que sucederá, pues pondrás acción y determinación enfocada para que suceda.

La perspectiva que tengo de las metas es muy clara: Las metas son para cumplirlas, una meta se cumple al 100% cuando obtenemos el resultado que esperamos, no hay metas a medias, siempre una meta se cumple en tiempo y forma de acuerdo al plan.

Las metas son como la gasolina para un coche, sin metas la vida se vuelve monótona, pasas una y otra vez el mismo camino sin mirar otros posibles caminos más divertidos y mejores. Sin metas no avanzamos, y nos estacionamos durante mucho tiempo en la frustración, depresión y negatividad.

Si quieres avanzar en tu vida y vivirla plenamente, define tus metas personales, profesionales y familiares, y escríbelas en papel junto con un plan para ejecutar y, sobre todo, no te olvides de ponerles una "fecha de término".

Hoy y siempre, es un gran día para fijar nuestras metas o replantear las que hemos dejado. Recuerda que las metas le van a poner a tu vida la motivación y el sabor que necesitas para disfrutar cada día lo que haces.

Vitamina 19

Ejecución

«La ejecución es el mejor aliado para que las cosas sucedan, la postergación es el mejor pretexto para no hacer nada».

Ana María Godínez

Si quieres hacer realidad tus sueños, tus metas o lo que tengas en tu mente, tienes que empezar a tomar acción..., sin acción no va a suceder nada y esto es totalmente lógico: ¡Tienes que moverte para avanzar!

Hoy y siempre, es un buen día para dejar de postergar esas acciones o actividades que hemos dejado de hacer o de pensar en ellas. El postergar lo que sabes que tienes que hacer es uno de los errores más comunes y más frecuentes que cometemos; ya que al hacerlo, de momento nos sentimos bien, sin embargo, con cada día que pasa, esta actividad o tarea se hace más pesada y cada vez nos dará más flojera tomar la acción.

El mejor antídoto contra la postergación son las siguientes palabras: "¡Hazlo Ahora!", cualquier cosa, cuando te de flojera, o cuando te dices que: "mañana" o que "no tienes tiempo", recuerda estas palabras, y si las puedes repetir constantemente, te garantizo que serán como un resorte que te impulsará a la acción.

¡Hazlo Ahora! No dejes pasar más tiempo, ahora es el momento indicado para hacerlo.

Vitamina 20

Decisiones

«Las cosas no cambian, somos nosotros los que cambiamos».

Henry Thoreau

La situación y la vida en la que estamos inmersos son así, por las decisiones o las acciones que hemos tomado como personas.

Si eres consciente de lo anterior, podrás sacar la lógica conclusión de que si queremos cambiar cualquier situación, resultado o circunstancia que tenemos actualmente, será fundamental empezar a cambiar nosotros mismos.

Muchas veces he escuchado que cambiar es difícil y que los cambios duraderos no se dan tan fáciles, pues como seres humanos volvemos a regresar a la costumbre, sin embargo, a lo largo de los años he aprendido que el cambio duradero sí es posible si usamos los "detonadores correctos" para que suceda.

Está demostrado científicamente que las personas podemos cambiar y hacer cambios sorprendentes cuando vinculamos esta necesidad de cambiar al dolor y al placer; es decir, cuando estos dos elementos se involucran en el cambio, a través de las preguntas correctas y la acción necesaria se dan cambios sorprendentes en la vida de cualquier persona.

Ahora, te recomiendo explorar a detalle y con honestidad las siguientes preguntas, por favor, no te confíes a tu mente, anota y analiza las respuestas.

Si no cambio...

- ¿Cuál es el precio por no cambiar?
- ¿Qué me perderé en mi vida si no hago el cambio?
- ¿Qué me costará si no cambio?
- ¿Qué me está costando ya mental, emocional, física y financieramente?

Y si cambio...

- ¿Cómo me ayudará eso a sentirme con respecto a mí mismo?
- ¿Qué otras cosas podría conseguir o crear si cambiara esto en mi vida?

Que tengas un excelente día y que todo cambio que hagas te apoye a ser y estar mejor.

Vitamina 21

Aprendizaje

El Aprendizaje es esencial para avanzar... «No hay fracasos, sólo resultados».

Anthony Robbins

El fracaso es una derrota temporal que la vida pone en nuestro camino.

El fracaso es solamente APRENDIZAJE.

Las personas que han sido exitosas aprendieron muchas y diferentes maneras de cómo no llegaban al resultado. En resumen, se daban la oportunidad de volver a intentarlo.

¡Recuerda que nada funciona a la primera!

Vitamina 22

Aprendizaje = Resultados

«No hay fracasos, sólo resultados», y si estos son negativos, te tengo noticias: ¡Los negativos también son APRENDIZAJES! Por lo tanto, si quieres seguir adelante sólo hay una decisión, y la decisión correcta es: ¡Sigue intentando!

Esta es una historia real de un hombre que fracasó en los negocios a los 31 años y después:

- Fue derrotado a los 32 años como candidato para unas legislativas.
- Volvió a fracasar en los negocios a los 34 años.
- Sobrellevó la muerte de su amada esposa a los 35 años.
- Sufrió un colapso nervioso a los 36 años.
- Perdió en unas elecciones a los 38 años.
- No consiguió ser elegido congresista a los 43 años.
- No consiguió ser elegido congresista a los 46 años.
- No consiguió ser elegido congresista a los 48 años.
- No consiguió ser elegido senador a los 55 años.
- A los 56 años fracasó en el intento de ser vicepresidente.

- De nuevo fue derrotado y no salió senador, sino hasta los 58 años.
- Fue elegido Presidente de los Estados Unidos a los 60 años.

... Ese hombre fue Abraham Lincoln.

Lincoln, a lo largo de su vida nos dio muchos ejemplos al nunca darse por vencido. Él siempre ante un obstáculo o resultado negativo decía: «Hasta esto pasará» y eso te lo digo yo ahora a ti: "todo pasa" y todos los resultados negativos no han sido más que aprendizajes que te acercarán más a tu resultado final.

Hoy y siempre, es un buen día para seguir intentándolo...

Vitamina 23

Ingredientes para el Éxito

La materialización de tus sueños requiere de una gran dosis de Fe, Pasión, Enfoque, Iniciativa, Actitud Mental Positiva, Tolerancia, Aprendizaje, Seguridad en uno mismo y ACCIÓN.

Napoleón Hill, durante más de 25 años de su vida se enfocó a entrevistar a las personalidades más importantes de la época, y después de todos estos años concluyó que, todas las características que te acabo de comentar en el párrafo anterior, eran determinantes para el éxito.

Tenemos entonces, que para poder hacer realidad todo lo que te propongas en tu vida, necesitarás:

- Fe: Requieres de creer en ti y de tener la suficiente confianza en que estás aquí para ser feliz y que la vida siempre te brindará las opciones y oportunidades para triunfar.
- Pasión: Fundamental para vivir con entusiasmo y disfrutar cada momento de nuestra vida y trabajo. Cuando le ponemos pasión a lo que hacemos, las horas pasan y no hay cansancio o agotamiento.
- Actitud Mental Positiva: Es tener el pensamiento correcto en cualquier circunstancia de tu vida. El pensamiento correcto que te permita seguir adelante y disfrutar cada momento de nuestra vida y trabajo.
- Enfoque: Se requiere de concentrar nuestra atención y energías en algo. Si dispersamos nuestra atención y recursos de tiempo, de dinero, de personas, tardarás más en llegar al resultado, así que elige en qué te concentrarás.
- Iniciativa: Siempre y cada día de tu vida. Si tú no tomas la iniciativa, nadie más lo hará, así que más vale empezar en algún momento de nuestra vida a tomar la acción necesaria.
- Aprendizaje: Aprende de todo y de todos, esta es la clave de la vida, aprender siempre en cualquier circunstancia. Y para poder aprender siempre requerirás de la tolerancia ante el fracaso o los resultados negativos y también cuando te topes con personas que no piensan como tú.
- Seguridad en ti mismo: Eres grande y tienes un potencial que está ahí, sólo confía en ti, pues si no lo haces tú, nadie más lo hará. La seguridad en ti mismo es como ejercitar un músculo de tu cuerpo, tienes que empezar a practicarla para que se fortalezca y no dudar de ti.

Hoy y siempre, es un buen día para explorar: ¿Cuáles ingredientes están faltando en tu VIDA para que sucedan tus sueños?

Pero no te quedes sólo en identificarlos, por favor, toma ACCIÓN para invitarlos a tu vida, ya que todos estos ingredientes son clave para el éxito.

Vitamina 24

Preparación Continua

«Prepárate y reúnete con quien sí sabe cómo... La vida es aprendizaje y estás aquí para disfrutar y vivir, ¡No te atormentes diciendo que "no puedes o no sabes"».

Ana María Godínez

Hoy es un buen día para salir de tu "caja" y reunirte con personas diferentes. Si siempre te encuentras rodeado de las mismas personas, no aprenderás y no tendrás la gran oportunidad de aprender de más personas.

Las personas exitosas siempre se rodean de personas exitosas. Y esto lo hacen para compartir y aprender entre ellas, ya que en todo momento tenemos grandes oportunidades para poder aprender.

Si hoy no se han dado los resultados que tú esperas, ¡Basta de tratar de inventar el hilo negro!, por favor, pregunta y relaciónate con personas que ya hayan logrado algo similar a lo que tú tienes en mente.

Vitamina 25

Siempre hacia Adelante

«El éxito lo alcanzan y lo conservan quienes lo intentan y lo siguen intentando».

Napoleón Hill

Sabias palabras y,... ¡No se diga más! Hoy y siempre, es un buen día para seguirlo intentando. Todos los resultados negativos que has obtenido hasta el momento, han sido grandes aprendizajes, así que hoy te invito a intentarlo de otras maneras y a continuar intentándolo.

"Insistir, persistir más nunca desistir", no lo olvides. Si sigues intentándolo... SUCEDERÁ, ¿No me crees?, te invito a leer con atención la siguiente historia:

Matilde Petra Montoya Lafragua nació en la Ciudad de México el 14 de marzo de 1857; fue la primera Médica mexicana.

Por su corta edad de 13 años, no pudo entrar a la Escuela Primaria Superior (secundaria), y entonces se inscribió en la Escuela de parteras y obstetras en la ciudad de Puebla.

A los 16 años ya era una partera reconocida y a los 18 años era preferida por las mujeres más que a los Médicos, y estos al sentir la amenaza, comenzaron una campaña de difamación muy fuerte que decía: "Mujer impúdica y peligrosa pretende convertirse en Médico". Esto lo hicieron también porque se dieron cuenta de que quería ingresar a la Escuela de Medicina.

Lógico, con tanta difamación, decide irse a Veracruz a descansar un poco de todos los ataques y de toda la presión.

Y en su segundo intento, a la edad de 24 años, entra a la Escuela de Medicina, pero en el primer año, (gracias a la presión de sus compañeros), le dicen que no puede continuar, que las materias que ya había tomado con anterioridad, no le podrían ser revalidadas.

Y entonces se empieza a mover, y con la ayuda de algunos de sus compañeros "Montoyos" le autorizan estudiar por las tardes y noches esas materias para que pueda seguir estudiando.

Sigue avanzando a pesar de todas las críticas y presiones y cuando se va a graduar,... le dicen que no es posible ya que el reglamento decía: "No alumnas", así que le escribe al Presidente de la República Porfirio Díaz y él autoriza la modificación del reglamento.

El día del examen, le niegan el acceso a la sala donde siempre se llevaban a cabo los exámenes recepcionales, pero minutos antes del examen, hablan de parte de la Presidencia para anunciar que el Presidente y su esposa Carmelita van de camino al examen de Montoya...

Y de repente, por arte de magia se abrió la sala negada. Montoya hace su examen y se convierte en la primera mujer mexicana en ser Doctora.

Una gran historia..., ahora el reto de cada uno de nosotros es seguir estos grandes ejemplos y continuar con paso firme hacia nuestros objetivos.

Vitamina 26

Cree en Ti

Sigue tu estrella, ve a donde tus sueños te lleven, un día los alcanzarás si tú crees en ti, sigue tu luz, no apagues la llama que llevas contigo, en tu interior recuerda, que yo creo en ti...

Al enfocar tu trabajo y tu vida en la realización de tus sueños se disfruta más todo, pues sabes que al final del camino vendrá tu recompensa.

Muchas veces nos pasa que no sabemos hacia dónde vamos, y al no saberlo nuestro trabajo va perdiendo sentido; se vuelve aburrido, monótono y después del tiempo nos vemos dentro de un abismo que nosotros mismo fuimos quienes dirigimos la vida hasta él.

Los sueños, las metas, los objetivos o los proyectos son un motor fundamental en la vida de toda persona, ya que al tener claro hacia dónde vamos surge una motivación interna que te impulsa y hace que te muevas hasta que suceda. Sé que esto se oye muy fácil y, a veces es difícil de creer. Sin embargo, te invito que retomes ese sueño o meta que has estado guardando durante años y, al hacerlo verás que hasta te sientes mejor y por supuesto, comenzarás a pensar en opciones.

Este sueño o meta que retomes no tiene que ser un gran reto. Empieza por algo pequeño que te apasione y entusiasme, y no lo sueltes hasta que suceda, una vez que suceda sigue con otro y así sucesivamente.

Hoy y siempre, es un gran día para volver a soñar y pensar en tus metas y objetivos, dedícale tiempo y ponte a trabajar..., y por favor, cuando suceda escríbeme, me dará un gusto enorme saber de ti y de tus logros, porque, ¿Sabes algo?: "¡Sí puedes y sé que lo Harás!".

Vitamina 27

Autodisciplina

La manera de desarrollar tu AUTODISCIPLINA es cambiar tus hábitos negativos, y la clave está en hacerlo durante 21 días seguidos, ya que este tiempo es el suficiente para crear nuevos hábitos y un nuevo camino neuronal, lo cual con la repetición asegurará que tengamos hábitos positivos que nos apoyen a MEJORAR nuestros RESULTADOS.

Para que tus resultados mejoren y utilices la AUTODISCIPLINA, es necesario entender claramente qué es esta palabra, por lo que te voy a compartir la mejor definición que he encontrado: "Autodisciplina es hacer lo que tengas que hacer cuando lo tengas que hacer, independientemente de si tienes ganas o no de hacerlo".

Ahora sí te hará todo el sentido del mundo que para cambiar esos resultados o hábitos negativos quieras o no, tendrás que dedicarle tiempo y acción para cambiarlos y aunque se escuche fuerte: ¡No hay opción! Si quieres mejorar tu salud y tu apariencia física, al utilizar tu autodisciplina, quieras o no, tendrás que tomar agua, hacer ejercicio, comer saludable, etc.

Hoy y siempre, es un gran día para comenzar a eliminar de nuestra vida los hábitos negativos y para hacerlo debes de utilizar tu autodisciplina.

Vitamina 28

¡Sé que puedo y lo haré!

«Nunca se te proporcionaría un sueño sin el poder para hacerlo realidad».

Richard Bach

Independientemente de los aprendizajes que hayas tenido (fracasos como algunos deciden llamarle), te recomiendo seguir intentándolo. ¡Sí se puede! y lo mejor es que PUEDES HACERLO.

Hoy y siempre, es un gran día para retomar tus sueños y comenzar a trabajar en ellos. Los sueños son el motor fundamental en la vida de cada persona, lo que te permite levantarte y empezar cada día con alta energía y entusiasmo, pues todo lo que harás de alguna u otra manera te ayudará a alcanzar tus sueños.

Si hoy no tienes claro cuál es tu sueño, no te preocupes, sino más bien, ocúpate en definirlo y comenzar a poner en papel tu plan y las acciones necesarias para lograrlo.

Cree, ATRÉVETE y trabaja para alcanzar tus sueños y cualquier cosa que te propongas, si cada día haces algo para acercarte más a él, te garantizo que sucederá, ¡Comprométete y a trabajar!

Vitamina 29

Busca el Aprendizaje

Edison soñaba con un invento (el foco), que funcionara con electricidad y pese a sus más de 10,000 intentos, mantuvo su sueño hasta que lo convirtió en una realidad física. Todos los grandes inventos o productos nacieron por la idea de alguien y gracias a su dedicación y acción sucedieron.

Si alguna vez te sientes frustrado, fracasado o agobiado al no lograr tus sueños, no te sigas preocupando y enganchando con ese estado emocional, si sigues así cada día te sentirás peor y la frustración seguirá creciendo, deja de pensar de esa manera y comenzarás avanzar.

Edison, es una gran inspiración para mí por su gran capacidad de aprender. Él jamás llamó "fracasos" a los resultados negativos, más bien, les llamaba APRENDIZAJES, y al pensar de esta manera, seguía buscando otras opciones que lo acercaran a su meta.

Alguna vez Napoleón Hill le preguntó a Edison: "¿Qué hubiera hecho si después de los 10,000 intentos no hubiera llegado a su objetivo?" y Edison con toda tranquilidad, le dijo: "Bueno, pues es seguro que no estaría platicando aquí contigo, seguiría intentándolo hasta que sucediera".

Vitamina 30

¡Haz que suceda!

¡Haz que suceda! Lo que sea que tengas en mente sucederá, pues tienes el potencial y las capacidades de lograr grandes cosas. Todas las personas que han pasado a la Historia tenían las mismas capacidades que tú, la diferencia es que se atrevieron y desafiaron sus propios paradigmas y a los de su época. ATRÉVETE a soñar, CREE en tu potencial y HAZ que SUCEDA.

Si no te me mueves y no comienzas a actuar jamás sucederán tus metas o sueños. Esto se lee muy fácil, sin embargo, te conviene creer y pensar que es así de fácil, pues si no lo haces será más pesado para ti iniciar.

Hoy y siempre, es un gran día para atreverte y comprometerte contigo de verdad, y retomar esos sueños o proyectos que le puedan inyectar entusiasmo a tu vida. Siempre recuerda que si alguien ya lo ha logrado antes que tú, ¡Tú también puedes y lo harás!

El reto: Identificar esos paradigmas, esas ideas, esos patrones de pensamientos, esas creencias que te han estado limitando para pensar en grande y Atreverte a Actuar.

Vitamina 31

Tú Eres el Éxito mismo

«Nunca aceptes la derrota, la debilidad y el desánimo como parte tuya. Tú eres el éxito mismo».

Anónimo

Todos y cada uno de nosotros tenemos la gran oportunidad de ser exitosos, la diferencia entre ser exitoso y no, reside en cómo tomamos los resultados negativos que de repente aparecen en nuestra vida.

Napoleón Hill, también define el "fracaso", como una derrota temporal que la vida nos pone para seguir aprendiendo. Créeme que esto no es un lavado de cerebro o darte shampoo de cariño; es tomar la vida como es, como un gran aprendizaje.

Así que, por favor, nunca aceptes la derrota como parte de tu vida, ¡Eres grande!, y tienes todas las capacidades y oportunidades para seguir intentándolo.

Hoy y siempre, es un gran día para seguirlo intentando, persistir y nunca darte por vencido hasta que suceda.

Vitamina 32

Desafíos

Los desafíos me encantan, ya que son los que permiten de una manera genial que una persona conozca su lado brillante, y con el tiempo sienta esa sensación de orgullo y felicidad por haberlo logrado, ¡Sí puedes y sé que lo harás! Aunque parezca imposible, te garantizo que si tomas el reto y pones toda la acción... SUCEDERÁ.

Vitamina 33

Decídete a Comenzar...

«Nada pasa a menos que decidas que pase».

Ana María Godínez

Si queremos mejorar en cualquier área de la vida, el camino es tomar la decisión de hacer las cosas de manera diferente, y asegurarnos de que pase, de que las cosas sucedan.

Si tú lo decides y tomas la acción sucederá, si no actúas y si no haces nada... créeme que nunca pasará.

En la vida estamos avanzando o retrocediendo, nadie puede estar parado y esperar a que ¡Por arte de magia suceda!, así que, si quieres cambiar tus circunstancias tienes que comenzar a actuar, y para actuar tienes que tomar la decisión de comenzar.

De manera que, te invito a ¡Hacer Ahora!, algo que has venido postergando por meses o por años. Graba estas palabras en tu mente y, te garantizo que serán el mayor detonador para avanzar.

Cuando te encuentres en ese momento que digas: "¡No puedo!", "no alcanzo", etc., no te permitas que estas negaciones contaminen tu mente, el antídoto para que se vayan y te muevas a la acción es decir: "No, ¡Ahora!", y toma acción.

Vitamina 34

Pregunta

Alrededor tuyo... ¡Pueden saberlo!

Muchas personas exitosas comenzaron sin nada de experiencia.

Muchos de ellos esquivaron los estudios y nunca tuvieron una buena educación en el colegio.

El único modo de conseguir educación y experiencia en algo es: ¡Haciéndolo!, ¡Es comenzando y terminando!

Una vez que lo sabes aprendes rápidamente.

Vitamina 35

Oportunidades

«Dicen que soñar no cuesta nada, es cierto pero lo que sí cuesta y mucho es no darte la oportunidad de intentarlo y ver que suceda».

Ana María Godínez

Todo ser humano tiene la gran oportunidad de triunfar y ser grande, independientemente de que hoy, en este momento, tengas dudas o hayas tenido muchos resultados negativos. Ya que la nueva noticia es que: ¡Sí puedes volver a creer e intentarlo de nuevo!

No te pierdas esta gran oportunidad que tenemos de soñar, de crear y de empezar de nuevo, y algo que me gusta mucho compartir es que: "Cualquier momento puede ser bueno para decidirte a iniciar o volver a intentarlo".

Algo que tengo absolutamente claro es que cada nuevo día es una gran oportunidad para ponerme a trabajar por mis sueños, así que, te recomiendo pensar en tus sueños, TUS SUEÑOS y no los de alguien más, pues muchas veces nos enfocamos en trabajar por y para los sueños de los demás, y dejamos los nuestros en el cajón.

Hoy y siempre, es un gran día para enfocarnos en nuestros sueños y trabajar cada día en alguna tarea o acción que nos acerque a ellos.

Vitamina 36

Piensa en Grande

«Somos del tamaño de nuestros pensamientos», PIENSA EN GRANDE, eres realmente grande y tus opciones se crean primero en tus pensamientos. Todo gran sueño que hoy ya es realidad para ti, comenzó con una idea, con un pensamiento, hasta que se hizo realidad con tu concentración y trabajo, así que no te limites, sigue soñando y pensando en grande.

Una frase que siempre ha caracterizado a Donald Trump es: «Piensa en grande», y desde que lo escuché me cautivó y me hizo pensar que cuesta lo mismo pensar en grande que pensar chiquito, y como es lógico, ya sé que me dirás: "Sí Ana, pensar es una cosa y actuar es otra", y estoy totalmente de acuerdo, ya que dependiendo del sueño o meta se necesitará un esfuerzo y dedicación determinado.

El punto aquí es que no te limites a ti mismo con pensamientos chiquitos. ¡Eres grande!, y ya es un buen momento de dejarte sorprender por todas las oportunidades y retos que tu vida tiene para ti.

Hoy y siempre, es un buen día para confiar y creer en todo tu potencial.

Vitamina 37

Autocontrol

Hoy y siempre, es un buen día para controlar nuestra actitud mental, ¡Sí!, el reto será: Todo el día de hoy o de mañana convertirte en un auditor de tu propia actitud mental.

Así de sencillo, todo el día independientemente de tus ocupaciones o circunstancias que rodeen tu día. Te invito a que: Seas consciente de tus pensamientos que al final de todo... son los que estarán determinando tu actitud.

Al momento de identificar pensamientos negativos, de fracaso, de pensar mal de otros, —interrumpe la pauta— y piensa en toda la grandeza y potencial que tú tienes, no te permitas pensar así, y sigue con tu día.

Después de unos minutos u horas, es seguro que de nueva cuenta aparecerán esos pensamientos, o ya con más confianza,... pueden aparecer pensamientos como: "Ana María está loca, eso no funciona". Bueno, si aparecen ¡Te felicito!, pues estamos incomodando a tu mente y sacándola de su zona de confort.

Al final del día, haz tu evaluación y saca tus conclusiones: ¿Qué aprendiste?, y si no aprendiste nada, algo no hiciste bien.

Al día siguiente, continúa y así sucesivamente, hasta que se convierta en un nuevo hábito que te garantice el éxito.

Vitamina 38

Flexibilidad

Para cambiar nuestros resultados y acercarnos a nuestros sueños se requieren grandes dosis de FLEXIBILIDAD.

La flexibilidad es la habilidad mental y física que tiene el hombre para cambiar, para adaptarse a cualquier circunstancia o entorno.

Tal vez la flexibilidad se pueda definir también como la habilidad para examinar y evaluar rápidamente una situación determinada, y afrontarla basándose en la lógica y con un mínimo de emoción.

Hoy y siempre, es un buen día para practicar y desarrollar la flexibilidad que te permitirá aprovechar las oportunidades, y resolver los problemas en el acto; es una de las claves para tomar mejores decisiones.

Vitamina 39

Posibilidades siempre existen

Tus opciones y posibilidades son muchas, por favor, no las limites con tus pensamientos negativos y actitud negativa.

Día a día nos topamos con mucha gente que no tiene la actitud correcta ante la vida y, —estarás de acuerdo conmigo— en que ésta se nota.

Muchas personas deciden vivir con la actitud negativa y también (como ellas), cada uno de nosotros en ocasiones nos comportamos de la misma manera. Nadie está exento, pero sí depende de cada uno de nosotros aceptar que —hablando de la actitud—, todo es cuestión de una elección...

Hoy y siempre, es un buen día para ser conscientes de que nuestra actitud es la que determina nuestros resultados. Si tenemos una actitud negativa, nuestros resultados serán negativos, en cambio, si conservamos la actitud mental positiva, la mayor parte del día y de nuestra vida, te garantizo que tus resultados irán mejorando de manera gradual.

¡Sí se puede pensar diferente!, y a partir de este momento te invito a ser consciente para elegir la actitud correcta.

Si crees que algo hoy en tu vida no puede ocurrir, entonces no hay forma de que puedas emprender las ACCIONES necesarias para transformar ese objetivo en una realidad. Nuestros pensamientos generan emociones y esas emociones ACCIONES o resultados, así que HOY y SIEMPRE es un gran día para pensar diferente y emprender la ACCIÓN.

Te deseo el MEJOR DE LOS ÉXITOS hoy, y confía en que la Actitud Mental Positiva permitirá que tengas los pensamientos correctos para mejorar tus RESULTADOS... ¡No lo olvides!

Vitamina 40

Confianza

«Nunca dejes de esforzarte hasta que hayas adquirido la suficiente confianza en ti mismo de que conseguirás cambiar tus resultados y alcanzar tus metas».

Nunca lo dudes, eres grande y puedes lograr cualquier cosa que te propongas, sólo tienes que confiar en ti. Y es aquí donde aparece la mayor área de oportunidad para muchas personas.

Como seres humanos la realidad que hoy tenemos, se ha formado gracias a las experiencias positivas y negativas que hemos vivido. La buena noticia es que: Todo eso que hemos experimentado y vivido ha sido para algo muy bueno, y eso se llama: APRENDIZAJE.

El mensaje para el día de hoy, es comentarte que día a día debes comenzar a atreverte a hacer algo diferente y que implique un reto para ti. Si practicas esto cada día de tu vida irás incrementando la confianza en ti mismo. El desarrollar la seguridad en uno mismo es como el ejercicio, se necesita practicar para que se convierta en un hábito que nos impulse a ir logrando cada vez más cosas.

El reto cada día de nuestra vida es: "Brincar tu sombra"; es decir, atrévete a hacerlo, (no va a pasar nada), y una vez que lo hagas, habrás avanzado enormemente en tu seguridad.

Vitamina 41

Si crees que puedes: ¡Puedes!

Sé consciente de que siempre los pensamientos de tu mente se hacen realidad... «Si crees que puedes estás en lo cierto, si crees que no puedes también lo estás», es sólo tomar la decisión y actitud correcta para que sucedan tus objetivos y sueños.

Henry Ford, fue un hombre que desafió a su época, ya que se puso en la mente la idea de que cada americano debería tener un auto Ford. Esto a inicios del año 1900 era una locura; ya que la mayoría de las persona usaba una carreta con un caballo para moverse. Sin embargo, Ford se la creyó y se puso a trabajar con la tenacidad que lo caracterizaba. Visitó a muchas personas e Ingenieros, ya que él quería que su automóvil tuviera un motor V8, y la gran mayoría le decía que esto no podía ser posible,... Así que Ford daba las gracias y seguía preguntando a más personas, hasta el momento que se encontró con personas que le dijeron: "¡Sí podemos!".

En resumen, la vida es así... Si tú crees que puedes: ¡Podrás!, si crees que no puedes, te garantizo que no sucederá...

Hoy y siempre, es un buen día para estar seguro de que ¡Sí puedes y podrás!, el reto es: "NUNCA LO DUDES...".

Vitamina 42

Disciplina

«Lo que parece imposible a corto plazo se hace muy POSIBLE a la larga si se persiste en ello». Para alcanzar el éxito o cualquier cosa que deseamos en nuestra vida necesitarás DISCIPLINA, APRENDER y seguir intentándolo hasta que se haga REALIDAD.

La disciplina nace de tu voluntad y el poder de tu decisión para lograr la meta o sueño que te propongas. La disciplina implica trabajar intensa y arduamente cada día de tu vida.

Para entender la disciplina, algo que me ha ayudado mucho es la definición de autodisciplina y ésta es: "Hacer lo que tengo que hacer cuando lo tenga que hacer, independientemente de que tenga ganas o no de hacerlo".

La definición anterior, más que un concepto me parece un estilo de vida que debemos adoptar para lograr cualquier cosa que pongamos en nuestra mente. Disciplina dice mucho, pero cuando le agregamos el "auto" hace todo el sentido del mundo, pues significa que yo tengo el control para decidirlo y ponerme a trabajar.

El reto para hoy y siempre es: Aplicar la AUTODISCIPLINA en cada situación de nuestra vida y durante 21 días, si lo haces de esta manera, y lo sigues practicando habrás adquirido un nuevo hábito.

Y como sé que te preguntarás por qué son 21 días, te cuento...

Son 21 días porque éste es el tiempo suficiente para crear un nuevo camino neuronal, y como es lógico, si lo sigues practicando esto se convertirá en un hábito automático que te permitirá hacer todo lo que tienes que hacer cuando lo tengas que hacer, independientemente de que lo quieras hacer o no.

Vitamina 43

Máximo Esfuerzo

Haz siempre lo máximo que puedas en cualquier situación y bajo cualquier circunstancia, haz siempre lo máximo que puedas, ni más ni menos.

Si haces lo máximo que puedas, vivirás con gran intensidad, serás productivo, y serás bueno contigo mismo y con cualquier persona que esté cerca de ti. Siempre que hacemos lo máximo que podemos estamos tomando ACCIÓN sin esperar recompensa alguna, simplemente lo hacemos porque lo queremos hacer.

En la Historia existen muchas anécdotas sorprendentes en relación al máximo esfuerzo,... y en tu vida ¿Cuántas veces has dado tu máximo esfuerzo?, en momentos es muy bueno hacernos esta pregunta, pues te darás cuenta de que sí existen esas ocasiones.

La invitación de aquí en adelante es que: Si quieres tener éxito y lograr cualquier cosa que te propongas, será muy importante dar tu máximo esfuerzo de manera permanente.

Hoy y siempre, es un buen día para asegurar dar nuestro máximo esfuerzo en cualquier situación de nuestra vida.

Vitamina 44

Principios para el Éxito

A continuación, quiero compartirte un breve resumen de los Principios de Éxito que recomiendo en mi libro Despertar, y que de acuerdo a mi experiencia, (y lo que he platicado y observado con muchas personas que han logrado sus sueños y metas), estos Principios siempre han estado presentes en su vida:

- Propósito de vida y objetivos claros: Saber qué quieres y para dónde vas. Fijar en tu mente y corazón la meta definida para tu vida.
- Actitud Mental Positiva: Es conservar una actitud mental de optimismo, fe, esperanza, valentía, reto, etc.
- Agradecimiento: Siempre ser agradecido por lo que tienes hoy. Sentimiento o muestra de gratitud por lo que has recibido.
- Aprendizaje continuo: El fracaso no existe, es un resultado negativo que te da un aprendizaje continuo para tu vida.
- Concentración: Capacidad mental que permite reflexionar sobre una sola cosa y mantener la atención en ella.
- Creer y Atreverse a hacer lo que tenemos en mente, independientemente de lo que digan los demás, si tú crees que es una buena idea tienes que atreverte.
- Iniciativa y Liderazgo: Desarrollar las cualidades de un líder que te permitan siempre tener la iniciativa de realizar lo que tienes que hacer en el momento correcto.

- Pasión: Sentir el deseo intenso de realizar nuestro propósito y objetivos de la vida, sentir amor por lo que hacemos y disfrutarlo.
- Entusiasmo: Energía que te hará sentir vivo, te permitirá contagiar a otros de tus sueños, ideas, planes. El entusiasmo es la base de la personalidad agradable.
- Personalidad agradable: Clave para ser exitoso cuidando tu imagen personal y tu carácter. Es el elemento que hace que otros disfruten estar cerca de ti.
- Cooperación y Tolerancia: El éxito no llega solo, requieres de trabajar en equipo para lograrlo, y para trabajar con diferentes personas requieres la tolerancia. La tolerancia te da la capacidad de aprender de todos.
- Inspiración: Para ser exitoso requieres de aprender de otros, conocer su vida, su historia y cómo ellos alcanzaron el éxito.
- Seguridad en ti mismo: Al desarrollar la seguridad en ti, comienzas a creer en ti y tener la confianza clara de que tienes la capacidad para hacer todo lo que te propongas ser.
- Autocontrol: Es la clave para controlar tu entusiasmo, pensamientos, impulsos o reacciones, y aprendizajes positivos y negativos. Tú tienes el control.
- Acción: Ejercer la facultad de hacer o realizar el objetivo esperado en el tiempo esperado.
- Siempre el Máximo Esfuerzo: Haz más de por aquello por lo que te pagan, da el máximo siempre.

Hoy y siempre, es un buen día para comenzar a practicar y hacer parte de nuestra vida cada uno de estos Principios.

Vitamina 45

Oportunidad

Un gran regalo que tienes a diario es: «Darte la oportunidad de intentarlo, de aprender y de seguirlo intentando».

Nada va a pasar por intentarlo, sigue adelante una y otra vez ¡Hasta que suceda y brilles en el escenario de tu vida!

Hoy en la cartelera de la historia de tu vida debe decir: "Soy grande y puedo hacerlo".

Vitamina 46

Cumple lo que prometes

El otro día pensando en: ¿Cuál sería una buena práctica que —de implementarla—, cambiaría los resultados de muchos negocios?... y mi respuesta fue sencilla: "Vamos a trabajar para cumplir lo que prometemos".

Y trasladando la reflexión anterior al ámbito personal creo que también queda perfecto: "Cumplir lo que prometo", ¿Te imaginas el impacto que tendría nuestra sociedad si cada persona cumpliéramos en tiempo y forma todas y cada una nuestras responsabilidades?

Hoy y siempre, te invito a: "Cumplir lo que prometes", ya sea en el trabajo, con tu familia, pareja, hijos, compañeros de trabajo, etc. Si cada uno de nosotros nos ocupamos de hacer lo que tenemos que hacer cuando lo tengamos que hacer, todo sucedería de manera más natural. (A mí me gusta),... ¿Y a ti?

Vitamina 47

Intuición, Coraje y Compromiso

Intuición, Coraje y Compromiso, son tres elementos claves que hacen que las cosas SUCEDAN, si queremos obtener mejores RESULTADOS empieza a confiar en ti, en tus ideas, esto es INTUICIÓN. Se requiere coraje para seguir intentando hasta que SUCEDA y COMPROMISO para que SUCEDA. Si quieres ser un PIONERO o el mejor en lo que haces no olvides estos elementos.

Vitamina 48

Confía en tu potencial

«Si crees que eres capaz lo eres, debes de tener pensamientos elevados y positivos para TRIUNFAR, tienes que estar seguro de ti mismo para poder ganar en tu vida, Confía en ti y lo lograrás».

Las personas que son exitosas tienen el común denominador de ser ricas, pero no sólo en la parte económica, sino también tienen riqueza mental y ésta es que nunca dudan de su potencial. Siempre creen en ellos, en sus capacidades y están convencidos de que si otras veces ya lo han hecho y han triunfado lo seguirán haciendo.

La moraleja para cada uno de nosotros es aprender de estos casos de éxitos y convencernos y tener la certeza de que si ellos lo han logrado cualquiera de nosotros también lo hará.

¿Tienes dudas?, pues no dejes pasar otro día sin buscar alguna biografía o historia de algún personaje que ya triunfó. En mi experiencia personal, he encontrado el común denominador de que la gran mayoría de estas personas no tenían circunstancias en su vida que les garantizaran el éxito en el futuro, y a veces, debo decirte que, esas circunstancias eran muy difíciles. La gran diferencia entre ellos y muchas otras personas fue que confiaron en que lo lograrían y saldrían de esas circunstancias.

La invitación para Hoy y siempre, es: "No dudes más de ti, Confía en tu potencial y, ¡Hazlo!".

Vitamina 49

Responsabilidad

Tómate el éxito de tu VIDA como una RESPONSABILIDAD personal. Muéstrate y vive cada día de tu vida como una persona exitosa. Haz las cosas bien y disfruta de esta gran experiencia que llamamos "Vida".

Responsabilidad implica el tomar total conciencia de que todo lo que hacemos positivo o negativo, impactará en el resultado final.

Si quieres triunfar en la vida y lograr todo lo que tienes en tu mente toma el éxito y tu felicidad como la responsabilidad más importante que tú tienes.

Define el plan y ponte a trabajar en ello hasta que todo lo que tienes en tu mente se materialice.

Todo en el universo tiene causas y efectos. Si tú eres 100% responsable de tus actos, de lo que tienes que hacer y de cualquier cosa que te competa como persona; sin duda, los efectos en tu vida serán mejores resultados, mejores relaciones con tu familia, amigos, compañeros de trabajo, clientes, etc.

"Hoy y siempre, es un buen día para tomar la responsabilidad de mi vida".

Vitamina 50

Si crees que puedes: ¡Podrás!

«Las batallas de la vida no siempre las gana el hombre más fuerte o el más rápido, pero tarde o temprano el hombre que gana es aquél que creé que puede hacerlo».

Napoleón Hill

No se diga más, si crees que puedes: ¡Podrás!, así que, pongámonos a trabajar para ganar y lograrlo.

Las palabras de Hoy, son: "Cree en ti". Si quieres ganar Cree en ti, ¿No sabes cómo hacerlo? Por favor, dedica un tiempo para identificar todo lo positivo que hoy tienes en tu vida y no dejes pasar por alto todas las habilidades y saberes hacer que hasta hoy has adquirido, sólo tienes que dedicar unos minutos para pensarlo y a recordarlo cada día, ya que el mayor problema que hay es que nos enfocamos en los problemas y en las urgencias y nos olvidamos de lo más importante: ¡Tú!

Hoy y siempre, es un buen día para reconocer la grandeza y potencial que tenemos, si lo haces, te garantizo que se te hará más fácil Creer en ti.

Vitamina 51

El Fracaso no existe

«No te sientas desanimado, por el resultado negativo o el intento erróneo descartado, todo esto es otro paso hacia adelante».

Deja de llamar "fracasos" a los resultados negativos. El "fracaso" en las personas que han triunfado nunca ha existido, ellos le han llamado "Aprendizaje" y este simple cambio de palabra les ha permitido seguir adelante y lograr sus objetivos.

Si no me crees consulta la biografía de Lincoln o Edison y ¡Te sorprenderás!

La invitación de Hoy es: Que dejes de desanimarte y etiquetar tus intentos como una gran tragedia. Si quieres ganar y lograr todo lo que te propongas, a partir de ahora sé consciente de que todo paso o intento erróneo es y será una gran oportunidad que la vida te da para seguir hacia delante.

Vitamina 52

Entrega Personal

No existe un éxito duradero sin una entrega personal. Las personas que han triunfado creen en el poder de la dedicación y se concentran en su meta.

Anna Pavlova lo dijo muy bien: «Perseguir una meta sin descanso, ese es el secreto del éxito». Pavlova cambió para siempre el ideal de las bailarinas. En el año de 1890, se esperaba que las bailarinas del Teatro Mariinski fueran técnicamente fuertes, y esto significaba, normalmente, tener un cuerpo poderoso, musculoso y compacto, y (Pavlova era delgada y de apariencia delicada). ¿Cómo lo logró? Se puso a trabajar sin descanso y gracias a esa perseverancia pasó a la Historia.

¿Quieres triunfar?, si tu respuesta es afirmativa, comprométete contigo y con tu crecimiento personal, y cada día de tu vida trabájalo como si no hubiera más tiempo para mejorar, dedícate a aprender de todo y de todos.

Vitamina 53

Concentración

«Donde la atención está puesta, la energía fluye y tus sueños comienzan a hacerse realidad».

Ana María Godínez

Si te interesa conseguir tus sueños y objetivos, el camino más cercano es tu concentración y enfoque. Te recomiendo dedicar parte de tu día a acciones concretas que te lleven cada vez más cerca a tu sueño, pues si no te enfocas, no sucederán.

Enfoque quiere decir concentrar todas tus fuerzas, toda tu atención, todos tus pensamientos, todo tu Ser en lo que quieras que se haga realidad y se materialice; además de que debes actuar y aprovechar toda esa energía y fuerza para que suceda.

Mary Kay, se concentró en: "Brindar un negocio para cada mujer", y (después de más de 45 años), ésta es una realidad. Por supuesto que no todo fue fácil y que hubo problemas, sin embargo, su fe y su enfoque le permitieron seguir adelante.

Y ahora, los resultados de la concentración de Mary Kay son sorprendentes. Hoy su compañía tiene ventas de más de 2.4 mil millones de dólares y tiene una fuerza de ventas de 1.8 millones de integrantes alrededor del mundo.

En resumen, ¿Valdrá la pena para ti concentrarte en tus sueños, y trabajar cada día de tu vida hasta que se realicen?

Vitamina 54

Aprende a decir: ¡Alto!

Debo comentarte que muchas veces para continuar atreviéndote debes de decir: ¡Alto! a los comentarios o pensamientos de otros que te dicen: "Eso no es posible", "Mejor enfócate a lo que ya has hecho antes", "¡Aguas!, la crisis está muy grave y tú inventando".

Tu reto es: "Seguir adelante y escuchar aquellas retroalimentaciones positivas que sí te ayudan a lograr tu objetivo". ¡Puedes hacerlo!

Hoy y siempre, es un buen día para revisar en qué estamos poniendo nuestra atención y reenfocar nuestro tiempo y actividades en acciones que nos permitan acercarnos a nuestros sueños.

Vitamina 55

Iniciativa

La INICIATIVA es un motor fundamental en la vida. La iniciativa también es responsable de que "las cosas sucedan", ya que cuando has tomado iniciativa en cualquiera de las actividades que te propusiste realizar, el resultado fue SORPRENDENTE PARA TI y OTRAS PERSONAS.

Sin iniciativa, sin tu iniciativa no cambiarás tus resultados. El tener el control de nuestra propia vida implicará tomar la iniciativa ante cualquier situación que se nos presente, para actuar o cambiar las situaciones y circunstancias de nuestra vida que nos desagradan.

¿Cuál será tu iniciativa del día de hoy y que puede marcar la diferencia en tus RESULTADOS? Revisa lo que has estado postergando los días anteriores, y que —de tomar acción e iniciativa— marcará esta gran diferencia.

No lo dejes para mañana, HOY es un gran día para empezar a tomar la iniciativa y hacer una historia diferente en tu vida...

Vitamina 56

Actitud Mental Positiva

«Lo que la mente del hombre puede concebir y crear lo puedo obtener con una ACTITUD MENTAL POSITIVA».

Napoleón Hill

La clave de tu éxito estará determinada por tu actitud mental positiva, ya que esta actitud es la que te ayudará a generar las ideas y los pensamientos necesarios para detonar las emociones de fe, esperanza y seguridad que te permitirán emprender la acción.

Walt Disney decía: «Si lo pudiste soñar lo puedes lograr», y estas palabras también son 100% ciertas. Todas esas ideas o pensamientos que de repente aparecen en nuestra mente, son una manifestación de algo que ha captado nuestro subconsciente, el siguiente nivel, (una vez que estos aparecen), es comenzar a trabajar de manera enfocada para que sucedan.

Todos los grandes inventos que hoy nos dan una gran comodidad en nuestra vida nacieron en la mente de alguien; y de ahí, gracias a la acción y entusiasmo de su creador sucedieron, y hoy para nosotros son una "realidad".

Hoy y siempre, es un buen día para escuchar nuestro interior y poner la acción para que con el tiempo, esas ideas se materialicen y se hagan realidad.

Vitamina 57

Acción

«En la vida no importa sólo el conocimiento, lo que más importa es la ACCIÓN». No te olvides de poner acción a esas cosas que pueden marcar la diferencia en tu vida. ¡HAZLO AHORA!

Todas las personas podemos tener mucha información en nuestra cabeza, sin embargo, si esto no lo compartimos o lo utilizamos en beneficio propio y de los demás... no sirve de nada.

Día a día aprendemos muchas cosas, el reto es: "Buscar la manera de compartir y ayudar a otros con ese conocimiento"; si nada más lo dejas en tu mente de nada servirá.

Las personas que han triunfado en su vida y hoy son altamente exitosos, siempre han comentado que ellos entre más comparten y enseñan a otros, más aprenden.

Así que hoy y siempre, pregúntate: ¿Cómo todo este conocimiento que tengo, me puede apoyar a mejorar mis resultados personales o laborales?, o ¿Cómo puedo aportar algo a la sociedad con todo este conocimiento que tengo?

Vitamina 58

Todos los problemas tienen solución

Una gran verdad que facilitará tu vida: «Todo el mundo tiene problemas, sin embargo, los que poseen una ACTITUD MENTAL POSITIVA convierten sus adversidades en beneficios u opciones que les permitirán seguir avanzando». No te detengas, el fracaso es sólo una derrota temporal y es... APRENDIZAJE.

Las únicas personas que no tienen problemas son las que están muertas. Así que, para hacer más llevadera y fácil tu vida te recomiendo no llamar más a las dificultades como "problemas", más bien llámales "Áreas de oportunidad" o, "mis ocupaciones a resolver". Todo esto es neurolingüística pura, no es darte shampoo de cariño, sino más bien, es romper la pauta que hemos aprendido la mayoría de nosotros.

Al decir "romper la pauta" es como confundir a tu cerebro, ya que cuando decimos problemas, nuestro cerebro de manera automática, y de acuerdo a lo que hemos hecho por años, reacciona afectando nuestro estado de ánimo, y esto minimiza las posibilidades de solucionar el problema...

Las "Áreas de oportunidad" u "ocupaciones por resolver", siempre tienen una solución y ésta aparecerá cuando menos la esperes; ya que todo tiene solución, no te angusties demás ni mucho menos eches a perder tu día con una actitud negativa.

La próxima vez que tengas una ocupación por resolver te reto a que: Interrumpas tu pauta de conducta habitual y tomes una hoja de papel y comiences a escribir las diferentes opciones que tienes para solucionar esa área de oportunidad.

Hoy y siempre, es una gran oportunidad para romper paradigmas del pasado y aprender que una "ocupación por resolver" siempre tiene solución al enfocarte y pensar diferente.

Vitamina 59

Actitud Mental

Hoy y siempre, es un gran día para implementar los siguientes TIPS, que al llevarlos a la práctica te apoyarán a tener siempre una ACTITUD MENTAL POSITIVA:

En primer lugar, debes reconoce que tu actitud mental es lo único sobre lo que tú, y —solo tú— tienes control total, ¡Nadie más! No te dejes influir por el fatalismo y negatividad de las noticias, de ciertas personas o de tu ambiente en general. Tú decides qué plática escuchas, qué programas de televisión observas, qué lees, con quiénes te reúnes; aunque parezca increíble tú tienes control para elegir cómo sentirte...

Si quieres vivir más pleno y feliz deberás invitar a tu vida a la actitud mental positiva y algo que te ayudará, sin duda, será eliminar de tu mente y de tu corazón los pensamientos negativos. No alimentes tu mente y tu alma con pensamientos negativos, lo negativo atrae enfermedad, pobreza, destrucción, y la buena noticia es que: Tú puedes elegir tener o no esos pensamientos. Cuando se presenten "rompe la pauta" oyendo música, corriendo, bailando, gritando, etc., y el reto es: "Mantenerlos en tu mente y en tu corazón lo menos posible".

Otra cosa muy importante, y que es un reto diario: "Asegúrate de tener el hábito de pensar y hablar siempre en positivo", y esto aplica en las relaciones con las demás personas y ante las circunstancias que de repente se presentan en nuestra vida. Recuerda que tú tienes el poder y la decisión de controlar tus pensamientos.

Y por último, evita las críticas, el prejuzgar a las personas, los chismes, etc., no vale la pena tener un día con todos estos elementos que destruyen y dañan a otros.

Hoy y siempre, es un buen día para conservar tu Actitud Mental Positiva. Entre más y más la practiques ésta se convertirá en un hábito muy motivante que te llevará al éxito.

Vitamina 60

Congruencia

Cuando las personas somos congruentes, auténticas, y no estamos tratando de ser alguien más, no hay falsedad, y la buena noticia es: Que cuando hay verdad en lo que tú eres, la seguridad en ti mismo se manifiesta de manera natural, ya que hay congruencia en lo que piensas y haces.

Actualmente el reto social que tenemos como seres humanos es retomar y conectarnos con nuestra identidad, con nuestra esencia y dejar de aparentar lo que no somos.

Muchas personas me han preguntado que cómo pueden comenzar a desarrollar la seguridad y confianza en ellos, y siempre mi respuesta es la misma: "Sé tú mismo y enorgullécete de todo lo que eres, deja de aparentar y comienza a quererte y disfrutar del gran ser humano que tú eres".

Una de las más grandes cualidades que he admirado siempre en los grandes líderes, es su congruencia al pensar, sentir y actuar. La invitación que tenemos todos es llevar esta ecuación a nuestra vida; ya que si pensamos correctamente y esto se conecta a nuestros sueños y proyectos, automáticamente las emociones que se generarán serán positivas y nos ayudarán a emprender las acciones correctas que nos lleven a sentirnos mejor y lograr nuestras metas y objetivos.

Vitamina 61

Aprende a decir: ¡No!

«Cada vez que dices SÍ a algo que no tiene importancia estás diciendo NO a algo que si la tiene». "El tiempo es una sucesión de sucesos, que suceden sucesivamente suceda lo que suceda". Te recomiendo invertir el tiempo en actividades o acciones que valgan la pena y te hagan sentirte orgulloso de tu VIDA.

Vitamina 62

Precisión de Objetivos

La precisión de tus objetivos, metas o sueños es el PUNTO INICIAL para todo LOGRO. La precisión de tus objetivos combinada con toda tu actitud mental positiva, es el punto inicial de todo AVANCE que merezca la pena.

El concebir en nuestra mente los objetivos, metas o sueños es sólo el inicio... En mi experiencia personal, algo que he visto que funciona es ponerle a estos objetivos una fecha límite, una fecha exacta donde tuvieron que haber sucedido, pienso que el mayor problema es que muchas veces nada más lo pensamos y no le ponemos esa fecha de término.

Otra acción muy importante para que sucedan y que tiene que ver con la precisión, es escribirlos en papel y buscar imágenes o fotos que nos permitan ver esas ideas o sueños en otras dimensiones, nuestro cerebro piensa y necesita ver imágenes.

Hoy y siempre, es un gran día para tomar acción y elaborar nuestro tablero de visión donde coloquemos los objetivos personales, profesionales, de salud, financieros, sentimentales, etc., que queremos para nuestra vida. Si tú lo pones en un lugar donde frecuentemente lo puedas ver, estos objetivos los tendrás siempre presentes y serán tu motivación y motor para impulsarte a empezar cada día de tu vida con una alta energía y entusiasmo.

Si tienes claro hacia dónde vas, tu trabajo y lo que haces en el día a día se conectarán a estas metas y objetivos y toda tu vida se tornará con más entusiasmo.

Recuerda que aquellos que saben hacia dónde van, ya han recorrido un gran trecho... y si hoy tú no lo sabes o nunca lo habías pensado, no te preocupes, más bien OCÚPATE en pensar en ello y toma acción para que poco a poco vayan sucediendo.

Vitamina 63

Información es poder

No tienes que saberlo todo, existe tanta información y conocimiento a nuestro alcance que necesitaríamos estar dedicados día y noche a aprender y almacenar toda la información que actualmente tenemos disponible.

No quisiera decir que es imposible saberlo todo, pues la palabra imposible nunca me ha agradado mucho, y para sentirnos más cómodos lo dejaré en que es "casi imposible" saberlo todo, y es aquí donde entran todas las personas que nos rodean y están cerca de nosotros.

Si sumamos y tomamos la experiencia y conocimiento de todas las personas que tenemos cerca, llegaríamos más rápido a nuestras metas, y para comenzar a beneficiarte de todo esto, lo único que requerirás es "humildad" para reconocer que no puedes saberlo todo.

Hoy y siempre, es un gran día para aprender de todo y de todos.

Vitamina 64

Tus pensamientos determinan tu Realidad

«Nuestra vida es lo que nuestros pensamientos la hacen ser». El 80% de nuestro éxito es mental, debemos de empezar a creer en nosotros y ser más conscientes de nuestros pensamientos para que nuestra REALIDAD pueda cambiar.

Todo lo que está llegando en tu vida, tú lo estás atrayendo, y lo atraes a ti, por medio de las imágenes que mantienes en tu mente. Es lo que estás pensando. Sea lo que sea lo que está pasando en tu mente, tú lo atraes a ti.

En resumen, los pensamientos que una persona posee (sean estos conscientes o inconscientes), las emociones, las creencias y las acciones, atraen consecuencias que corresponden a experiencias positivas o negativas. A este proceso se le describe como: "Vibraciones armoniosas de la Ley de Atracción".

Sé que se ha hablado mucho de la Ley de la Atracción. Esta Ley tiene cientos de años, sin embargo, lo más curioso es que hoy en este siglo XXI, por increíble que parezca no la hemos comprendido.

Hoy y siempre, es un gran día para entender su poder y dejar en claro que: "Tú obtienes las cosas que piensas; y por lo tanto, tus pensamientos determinan tu experiencia, tu éxito, tu estado de salud,... tu realidad".

Vitamina 65

Nunca dejes de Soñar...

«Si lo pudiste soñar, lo puedes lograr».

Walt Disney.

No dejes nunca tus sueños, si crees en ti y pones acción, te garantizo que sucederán. La Historia nos ha dado muchos ejemplos de esto, ¡Sigue adelante siempre!, te deseo lo mejor para esta semana, y si existe algo que va a contribuir a lograr tus sueños o metas: NO LO DEJES DE HACER.

Todo gran logro que hoy es Historia, sucedió gracias a la fe, coraje y compromiso de estas personas que se decidieron a desafiar la Historia y su época para que sucediera.

¿Tienes dudas?, entonces ya tienes todo listo para comenzar. La mayoría de las personas siempre vamos a tener dudas, pues todo lo que implica riesgo y es nuevo para nosotros despierta miedo o angustia, sin embargo, estos miedos se eliminan con información, así que comienza a reunir la información que necesitas para seguir adelante.

¿No sabes cómo empezar? Perfecto, reúnete con personas que han logrado algo similar y pregúntales cuáles han sido sus aprendizajes y qué te recomiendan, te garantizo estas personas estarán en la mejor disposición de apoyarte.

Hoy y siempre, es un buen día para lograr cualquier cosa que te propongas.

Vitamina 66

Decídete...

Hoy y siempre, es un buen día para ser exitoso y triunfar, te comparto este bello pensamiento:

Aprendí y decidí

Y así, después de esperar tanto, un día como cualquier otro decidí triunfar... Decidí no esperar a las oportunidades, sino yo mismo buscarlas. Decidí ver cada problema como la oportunidad de encontrar la solución. Decidí ver cada desierto como la oportunidad de encontrar un oasis. Decidí ver cada noche como un misterio a resolver. Decidí ver cada día como una oportunidad para ser feliz.

Aquel día descubrí que mi único rival no eran más que mis propias debilidades. Y que en éstas, está la única y mejor forma de superarnos. Aquel día dejé de temer a perder y empecé a temer a no ganar... Descubrí que no era yo el mejor y que quizás nunca lo fui. Me dejó de importar quién ganara o perdiera... Ahora me importa simplemente saberme mejor que ayer.

Aprendí que lo difícil no es llegar a la cima... sino jamás dejar de subir. Aprendí que el mejor triunfo que puedo tener, es tener el derecho de llamar a alguien "AMIGO". Descubrí que el amor es más que un simple estado de enamoramiento... "El amor es una filosofía de vida".

Aquel día dejé de ser un reflejo de mis escasos triunfos pasados y empecé a ser mi propia tenue luz de este presente... Aprendí que de nada sirve ser luz si no vas a iluminar el camino de los demás. Aquel día decidí cambiar tantas cosas... Aquel día aprendí que los sueños son solamente para hacerse realidad. Desde aquel día ya no duermo para descansar... Ahora simplemente duermo para soñar...

Walt Disney

Vitamina 67

El Escenario de tu vida...

Si quieres brillar en el escenario de tu vida: ¡Tienes que ir a tu interior e identificar lo que te detiene!

Cada día de nuestra vida es una grandiosa oportunidad para hacer historia, independientemente de cuál sea nuestro trabajo o profesión, todos podemos brillar. Martín Luther King, decía: «No importa lo que seas en tu vida, si eres un barrendero barre como lo haría el más profesional y mejor del mundo».

El potencial está dentro de ti, y tú puedes ser el mejor en el área que te propongas, sólo tienes que identificar qué te está deteniendo adentro de ti, qué experiencias o comentarios que alguna vez escuchaste de tu persona no te están permitiendo brillar en el escenario de tu vida...

¡Eres Grande! y como tal, tienes el papel estelar en tu vida. Hoy y siempre, es un gran día para tener un día espectacular.

Vitamina 68

Decídete...

«Si quieres hacer la diferencia, sólo tienes que: ¡decidirlo y hacerlo!».

Ana María Godínez

Actualmente nuestro mundo, la sociedad, requieren de personas que tomemos la acción y nos decidamos a hacer la diferencia en lo que hacemos en el día a día.

La diferencia en el desempeño de nuestro trabajo, con nuestra familia, con nuestros amigos, compañeros de trabajo, pareja, con nuestros hijos..., y ¡Basta de excusas!, si te decides desde lo más profundo de tu Ser a formar parte de la diferencia todo empezará a mejorar.

Bien se ha dicho que si queremos cambiar el mundo y nuestras circunstancias, debemos empezar primero por nosotros, pero sólo empezará si cambiamos nuestra actitud, y dejamos de esperar que todos los demás cambien y nos solucionen la vida.

Tú eres parte de la diferencia, ¿Qué es lo que puedes aportar de inmediato para hacer la diferencia?

Hoy y siempre, es un buen día para comenzar a...

Vitamina 69

Mejora tu Nivel de Contexto

«Los resultados que estás obteniendo hoy son una expresión de tu nivel de contexto. El único camino para mejorar tus resultados, es mejorando tu nivel de contexto».

Por contexto entendemos tu experiencia de vida, los años que tienes, la profesión y personas con las que te has relacionado, los viajes que has podido hacer, los libros que frecuentemente lees, los programas de televisión, etc. Cuando lo vemos desde este punto de vista está claro que cada persona tiene un contexto diferente.

Ahora, si queremos mejorar nuestra calidad de vida y nuestros resultados, algo que también debemos hacer y que es nuestra responsabilidad, es ampliar nuestro nivel de contexto.

El nivel de contexto determina los resultados y las opciones que vemos y tomamos. El reto Hoy y siempre es: Ampliar nuestro nivel de contexto.

Algunas opciones para poder ampliar y enriquecer nuestro contexto, serán a través de reunirnos con personas diferentes, leer sobre temas diversos, observar otros programas, etc.

Te garantizo que si continuamente amplías tu contexto financiero, emocional, espiritual, físico, personal y profesional,(por mencionar algunos), ¡Te sorprenderás de los resultados!

Vitamina 70

La Meta siempre es llegar

NUNCA TE RINDAS, LA META ES LLEGAR..., conviértete en un atleta de alto desempeño en tus metas y objetivos, a pesar de las adversidades, sigue ADELANTE siempre, y te deseo mucho éxito.

Todo atleta que en las Olimpiadas ha ganado la medalla de Oro, ha sido gracias a la acción y determinación que ha puesto en lograr la meta.

Cuando los atletas entrenan y practican, siempre se visualizan llegando a la meta. Mentalmente están preparados, y esta escena la repiten una y otra vez; el reto constante está presente cada día de sus entrenamientos; su Coach siempre está monitoreando su desempeño y alentándolos a que vayan por más; su alimentación y su condición física es lo más cuidado para que este desempeño sea el mejor.

Ahora, aplicando este ejemplo en tu vida, ¿Qué es lo que está faltando? Hoy y siempre, es un buen día para levantarnos y continuar hacia adelante con esa meta o sueño, independientemente de las adversidades, si te comprometes contigo mismo y con tu meta... ¡No habrá nadie que te detenga!

Vitamina 71

El Éxito está en tu Mente...

Napoleón Hill, decía que: «El éxito está en el interior de tu propia mente», y yo pienso que no hay mayor verdad. Lo que está en el interior de nuestra mente —estarás de acuerdo conmigo— de que son pensamientos. Los pensamientos crean realidades, nuestra realidad ciertamente está influenciada por los pensamientos que tenemos, así que, si tienes pensamientos positivos tus resultados serán positivos y de igual manera, si tus pensamientos son negativos, tus resultados serán negativos.

Y aquí tú me podrás decir: "Oye Ana, ya he leído varias veces esto, ¿por qué repetirlo ahora desde otro enfoque?" Y mi respuesta siempre será la misma: Porque aunque es así de sencillo, a muchas personas nos ha llevado mucho tiempo comprender a profundidad esta gran verdad.

El éxito y el alcanzar nuestros sueños no es cuestión de suerte o de haber nacido en una casa rodeados de muchas opciones. El éxito estará determinado por tus pensamientos, así que piensa en grande y actúa; y todo lo que has pensado algún día se manifestará en tu vida...

Vitamina 72

Atrévete y Actúa

"Atreverse y Actuar", son las dos palabras claves de todas las personas que han logrado sus metas y sueños. Sin ellas no suceda nada, tienes que tomar tu decisión y ATREVERTE a creer en ti, a comenzar a hacer cosas diferentes para hacer realidad tus sueños, y créeme que todo esto lo lograrás solamente TOMANDO ACCIÓN y trabajando cada día de tu vida para que suceda lo que tienes en tu mente.

Siempre habrá personas que hablen de nosotros o no les gusten nuestras decisiones. Muchas veces para comenzar y atrevernos será necesario dejar de escuchar —de manera educada y sin discutir—, a todas estas personas que con su mejor intención nos están diciendo que: "No podremos" o que "eso no es para nosotros".

Hoy es un buen día para decir ¡ALTO! a todos esos comentarios, y sin discutir o pelear, comencemos a tomar acción para que nuestros sueños sucedan.

Como yo digo: "Siempre habrá personas que hablen y se quieran ocupar de la vida de los demás".

Así que, adelante y ten por seguro que la decisión que quieras tomar será la mejor.

Vitamina 73

Toda Causa tiene un Efecto

Un gran maestro e inspiración para mí es Brian Tracy. Experto entrenador en el área de Ventas y Estrategia. De él he aprendido a entender más claramente la Ley Universal de Causa y Efecto, a continuación te comparto parte de su explicación:

«La ley de Causa y Efecto puede enunciarse afirmando que en la vida todo efecto tiene una causa específica. Es tan importante que ha sido bautizada con el nombre de: "La Ley de Hierro del universo". Y explica que todo sucede por alguna razón, se conozca ésta o no.

No existen hechos accidentales. Vivimos en un universo ordenado, regido estrictamente por leyes. La Ley de Causa y Efecto nos dice que hay determinadas causas del éxito y determinadas causas del fracaso; que hay causas específicas para la salud y para la enfermedad, y que también las hay para la felicidad y la infelicidad.

Esta ley es tan simple que deja perpleja a la mayoría de la gente. Las personas, por sistema, hacen o repiten una y otra vez aquellas cosas o situaciones que les producen infelicidad y frustración, culpando a los demás y/o a la sociedad de sus problemas.

Por lo tanto, todo pensamiento, es una causa, y cada estado un efecto, razón por la cual es absolutamente esencial el que domines tus pensamientos con el objetivo de desarrollar únicamente situaciones agradables.

Se dice que no deja de ser una forma de demencia "hacer las mismas cosas del mismo modo con la esperanza de obtener resultados diferentes". En cierta manera, todos hemos caído en esto en más de una ocasión. Lo que tenemos que hacer es enfrentarnos abiertamente a esta tendencia y tratar de corregirla.

La más importante interpretación que da la Ley de Causa y Efecto (o de siembra y recogida) puede hacerse es la de que "los pensamientos son causas y las condiciones efectos".

Tus pensamientos son las causas primarias de las condiciones de tu vida. Todo lo que forma parte de tu experiencia, ha comenzado con alguna forma de pensamiento, ya sea tuyo o de alguien más.

Todo lo que eres o llegues a ser, será el resultado de tu modo de pensar. Si cambias la calidad de tu pensamiento, cambiarás la calidad de tu vida. El cambio de tu experiencia exterior traerá consigo el cambio de tu experiencia interior. Recogerás lo que has sembrado. Ahora mismo lo estás haciendo».

Vitamina 74

Personas insensatas

Un buen amigo comentaba que: "En el mundo existen dos tipos de personas: las personas 'sensatas' que son aquéllas que se limitan a seguir las reglas del mundo, de la sociedad. Son personas que simplemente viven y se alinean a lo que otros piensan, a lo que les dicen o simplemente no cuestionan por qué. Y existen otras, que son llamadas 'insensatas' y son personas que desafían, retan las reglas, los sistemas, se arriesgan, se atreven para conseguir lo que tienen en mente. Gracias a que existen personas 'insensatas' tenemos hoy diferentes tecnologías que facilitan nuestra vida; gracias a personas que se atrevieron, desafiaron esquemas tradicionales y actuaron, tenemos un avance importante en la salud; gracias a personas que no se conforman y deciden atreverse, podemos disfrutar de una vida más simple y relajada".

Y ahora, yo te pregunto: ¿En qué grupo de personas quieres estar? Pues si tienes claro qué quieres lograr y cuál es el sueño que te entusiasma, seguro que uno de los pasos que tienes que dar es comenzar a "atreverte" y continuar atreviéndote hasta que consigas tu objetivo.

Vitamina 75

Controla tus Pensamientos

«El antepasado de todo acto es un PENSAMIENTO». Lo dijo Emerson y qué razón tenía: si quieres mejorar tu vida, tus resultados y llegar a ser exitoso en lo que decidas, es vital el control de tus pensamientos.

Tus pensamientos siempre se manifestarán y son de las únicas cosas en la vida sobre lo que puedes tener un control total. Tus pensamientos de hoy determinarán la realidad de tu futuro.

Hace algunos años en un libro de Anthony Robbins llamado: Despertando a tu gigante interior, relata a este nivel el detalle de la siguiente historia:

La historia de un muchacho nacido en la pobreza, en un barrio de San francisco, y trata de cómo sus objetivos parecieron imposibles para todos, excepto para él. Ese joven era fan de Jim Brown, la leyenda del Futbol que por entonces jugaba en los Cleveland Browns. Este muchacho se había afectado por el raquitismo como consecuencia de la mala nutrición, a la edad de 6 años sus piernas se hallaban prácticamente dobladas y las pantorrillas tan atrofiadas que sus amigos le apodaban "piernas de lápiz".

Cuando jugaban los Browns, él esperaba afuera del estadio, hasta que el equipo de mantenimiento abriera las puertas en el último cuarto del partido, entonces se metía al estadio a ver el final.

Finalmente a la edad de 13 años, tuvo un encuentro con el que había soñado toda la vida. Entró en una tienda de helados después de uno de los partidos de los Browns, y allí vio a su gran ídolo. Se acercó a la estrella de futbol y le dijo:

—Señor Brown soy su mayor fan, —Brown le dio las gracias.

El muchacho insistió: —¿Sabe una cosa señor Brown?, —el jugador se volvió hacia él y le dijo:

—¿De qué se trata hijo?

—Conozco todos los tanteos que ha conseguido y cada uno de los touchdown que ha logrado. —Brown le sonrió y dijo:

—Eso es estupendo. —y volvió a la conversación que estaba manteniendo. El joven persistió:

—¡Señor Brown! ¡Señor Brown!, —Jim Brown se volvió a mirarle de nuevo, esta vez el joven le miró profundamente a los ojos, con una pasión tan intensa que hasta el propio Brown pudo sentirla, y dijo:

—Sr. Brown, algún día voy a superar todas sus marcas. —La leyenda del futbol le sonrió y le dijo:

—Eso me parece estupendo muchacho, ¿Cómo te llamas? — El muchacho sonrió de oreja a oreja y contestó:

—Orenthal James Simpson... mis amigos me llaman "O. J."

Esta historia me encantó desde que la leí y siempre pensé que sería muy bueno compartirla con más personas, ya que es una historia muy inspiradora.

Todo lo que hoy has logrado y tienes en tu vida, de una manera u otra fue influenciado por tus pensamientos. El reto hoy y siempre, será: Ser consciente de tus pensamientos, ya que estos determinarán tus resultados.

Vitamina 76

Autodisciplina

Para poder DESPERTAR el enorme potencial que tienes como ser humano y hacer realidad tus metas y objetivos, se requiere una gran dosis de AUTODISCIPLINA, que significa: "Hacer todo lo que tengas que hacer, cuando lo tengas que hacer independientemente de si tienes ganas o no de hacerlo". La AUTODISCIPLINA nace de tu voluntad para hacer las cosas diferentes.

La autodisciplina es la cualidad humana que contribuye a simplificar y consolidar el trayecto hacia tus sueños. El secreto de la autodisciplina está en la "persistencia", en no dejarse sucumbir y tener muy "claro" lo que se quiere.

El obstáculo más grande que tendrás que afrontar serás tú mismo. Deberás controlar tus emociones en los momentos más drásticos y mantenerte firme en tus principios sin desfallecer, es toda una manifestación de autodisciplina.

Vitamina 77

Pensamientos Positivos

«Si crees que eres superior lo eres, debes tener pensamientos positivos para ganar, debes de estar seguro de ti mismo para poder ganar algún premio».

Napoleón Hill

Si tú no crees en tu potencial, en que puedes ser exitoso, independientemente de las circunstancias que hoy tengas en tu vida, no lo lograrás y cada vez te sentirás peor.

Una nueva ciencia llamada la Biología de la Creencia, nos habla de que todas las personas podemos mejorar nuestra salud y cualquier condición de nuestra vida gracias al poder de nuestros pensamientos.

Todo pensamiento con el tiempo se convierte en una creencia y, con el tiempo esta creencia se convierte en una realidad y se manifiesta en nuestra vida. Si creemos que lograremos cualquier meta y, si a esto le sumamos nuestra acción: ¡Sucederá!

Todo lo anterior es muy en serio ya que vivimos en un mundo con un promedio del 80% de pensamientos negativos. Así que la decisión es tuya, controla tus pensamientos, y asegúrate que estos sean positivos, si lo haces te garantizo una vida más feliz y plena.

Vitamina 78

Pasión

Si crees en ti y trabajas con enorme pasión por lo que amas hacer y te entusiasma, puedes lograr cualquier cosa que te propongas.

Sentir pasión por la vida, por nuestro trabajo y por los sueños que tenemos en mente es determinante y fundamental para apoyarnos a lograrlo.

Cuando sentimos pasión el tiempo pasa volando, y el cansancio (aunque se manifiesta), nos permite seguir avanzando, y esto sucede porque estamos realmente conectados y nos entusiasma lo que estamos haciendo.

Si hoy no sientes esa pasión y esa fuerza interna no te preocupes, ocúpate por identificar a qué de lo que estás haciendo le puedes agregar lo que amas o te entusiasma hacer.

Hoy y siempre, es un buen día para conectarte con las actividades que te apasiona hacer, así que el reto es responder: ¿Qué amas hacer? o ¿Qué te entusiasma hacer? Y una vez que lo identifiques pon la acción necesaria para sumar este ingrediente a lo que estás haciendo actualmente en tu trabajo.

Vitamina 79

¡Sé que puedo y lo haré!

Una frase que tengo tatuada metafóricamente en mi mente y he compartido con miles de personas es: ¡Sé que puedo y lo haré! Esta afirmación contiene el "Pensamiento positivo" al más alto nivel, es un motor y una batería que si la tienes presente, siempre te impulsará y permitirá lograr tus sueños, metas o proyectos.

Te permitirá lograr tu éxito porque yo sé que tú tienes la capacidad de alcanzar el objetivo definido de tu vida y para lograrlo, debes de empezar a creer que tú también tienes esa capacidad y cuando menos lo esperes, seguro que esta poderosa frase comienza a controlar tus pensamientos y sacar de tu mente todo pensamiento negativo.

Hoy y siempre, es un buen día para creer que ¡Puedes y que lo harás!

Vitamina 80

Eres Grande

El inicio de tu mañana es HOY, cada pequeño paso y acción que tomes para mejorar tu situación actual, sin duda, impactará en tu futuro.

Nunca lo olvides: PIENSA EN GRANDE, pues ERES GRANDE.

El INICIO de tu mañana es HOY, te invito a pensar en grande, trabajar enfocadamente y retar cada nueva meta o paradigma que te limite. ¡Eres grande!, y puedes lograr cualquier cosa que te propongas.

Vitamina 81

Eres una persona Digna y Valiosa

El mensaje para ti Hoy y siempre, es:

Puedo lograr cualquier cosa que me proponga.
Soy una persona digna y valiosa.
Soy intelectualmente capaz.
Merezco lo mejor porque soy una buena persona.

Puedo atraer la abundancia en todos los campos de mi vida.

Merezco salud, felicidad y éxito.

Soy capaz de lograr cualquier cosa en la que ponga mi atención.

Si hoy tienes dudas de lo que acabas de leer, te pido de favor, que copies estas frases y las repitas al menos 2 veces al día o cada vez que te sientas mal y quieras dejar de luchar por tu éxito.

Te reto a que de manera disciplinada repitas esto durante 21 días, y al término de este tiempo te sorprenderás de la seguridad que se habrá desarrollado en ti, y por supuesto que si no lo sientes de esta manera, te desafío a hacerlo más tiempo; pues si has pasado años diciendo que: "No puedes o no te mereces esto o aquello", es totalmente lógico que te llevará un poco más aprender una nueva manera de percibirte.

Vitamina 82

El Éxito comienza con tu Voluntad...

«Si crees que estás derrotado lo estás.

Si crees que no te atreverás, no lo harás.

Sí te gustaría ganar, pero si crees que no puedes, es casi seguro que no ganarás.

Si crees que perderás has perdido, pues en el mundo descubrimos que el éxito empieza en la voluntad de una persona y todo depende de su estado de ánimo.

Si crees que eres superior lo eres, debes tener pensamientos positivos para ganar, debes de estar seguro de ti mismo para poder ganar algún premio.

Las batallas de la vida no siempre las gana el hombre más fuerte o el más rápido, pero tarde o temprano el hombre que gana es el que creé que puede hacerlo».

Napoleón Hill

Vitamina 83

Libera tu Potencial

Para liberar todo tu potencial, —que créeme que lo tienes—, requieres de comenzar a creer en ti, y para Despertar lo primero que requieres es reconocer tu grandeza, tu esencia y que eres un ser humano genial.

¡Si! Eres un ser humano ¡genial!, independientemente de tu pasado y de las circunstancias que hoy rodean tu vida, tienes potencial y grandeza. Todas las personas que han logrado algo en su vida que los enorgullece, han empezado de cero como tú y yo, la única diferencia es que conforme avanzaban, ese poder interno que cada ser humano tenemos se empezaba a manifestar.

Créeme que todas las personas que han logrado algo sobresaliente son iguales a ti y a mí, la diferencia está en comenzar a ACTUAR y creer que puedes y que la oportunidad de ser exitosos se manifestará en la medida que te esfuerces y te comprometas con tus sueños.

Vitamina 84

Los Sueños pueden hacerse Realidad...

«Recuerda que todos los sueños se pueden hacer realidad», son las palabras con que termina en la misma voz de Walt Disney, el Espectáculo de Luces en Disneyland.

Walt, es una gran inspiración para mi vida, ya que él siempre dijo: «Si lo pudiste soñar, lo puedes lograr», y éste es mi mensaje para ti: "Trabaja y no dejes de lado tus sueños, ¡Mucho Éxito!".

Los sueños son un motor muy importante en la vida de cada uno de nosotros, son los que te permiten esforzarte y trabajar al máximo para lograrlos y cuando los logras: ¡Seguir adelante por otro más grande!

Hoy y siempre es, un gran día para retomar nuestros sueños.

Vitamina 85

Agradece

Hoy y siempre, te invito a reconocer y agradecer todo lo positivo que has logrado en tu vida; al agradecer y ser consciente de todo lo que has logrado y te rodea, créeme que te hace la vida más fácil y la disfrutas mejor, pues tienes muchas cosas positivas a tu alrededor de las cuales debes de sentirte orgulloso.

Cuando somos agradecidos es más sencillo enfocarnos a nuestros sueños, ya que te permite estar en la realidad y no estar enfocándote en lo que no tienes o te ha causado frustraciones.

Si quieres lograr nuevas cosas y obtener mejores resultados, el camino para lograrlo es iniciar reconociendo todo lo bueno que hoy ya tienes en tu vida...

Vitamina 86

Valora tu tiempo

El tiempo, —como ya lo dijo— Gary Jennings, (autor de la novela Azteca y Sangre Azteca), «Es una de las cosas que no se puede comprar». El tiempo no lo recuperamos y al no recuperarlo lo perdemos. Si ya no hay más tiempo, si no valoras tu tiempo como el activo más valioso que tienes, es muy probable que te lleves mucho más tiempo en realizar tus sueños y debo decirte que entre más tiempo pase en poner "acción" y hacer lo que debes de hacer para asegurar la realización de tus sueños, corres el grave riesgo de nunca hacerlos realidad.

Por favor, ya lo dijo alguien antes que yo, "No dejes para mañana lo que puedes hacer HOY". Sí, enfócate con disciplina, autocontrol y determinación en hacer lo que sabes que tienes que hacer, cuando lo tienes que hacer.

Te garantizo que si actúas y vas haciendo algo día a día para alcanzar tus sueños, la probabilidad de que se hagan realidad va a aumentar considerablemente, así que por favor, invita a la "acción" a tu vida y vive la vida que en lo más profundo de ti, sabes que puedes hacer realidad.

Vitamina 87

Despierta tu Vida

«Aprende para despertar, Despierta para vivir, Vive para compartir en armonía la grandeza que hay en tu interior».

Ana María Godínez

Día a día es una gran oportunidad para aprender y seguir trabajando por nuestras metas y sueños personales.

Siempre he pensado que si uno está bien con su vida se puede compartir y estar mejor con todas las personas que nos rodean.

La invitación es: Reconocer tu potencial y grandeza que tienes dentro de ti. A lo largo de todo este libro y siempre, no me cansaré de repetirlo: "¡Eres grande!", sin que esto tenga que ver con las circunstancias negativas que hoy rodean de tu vida.

Hoy y siempre, es un gran día para enorgullecerte de todo lo que has logrado hasta este momento, aunque sea algo pequeño o grande, ¡No importa!, lo más importante es que tú lo has logrado con tu conocimiento, con tus capacidades y con todo el potencial que tienes. Y la buena noticia es: Que todo lo anterior, lo puedes seguir utilizando para lograr cualquier cosa que te propongas.

Vitamina 88

Hoy es un buen día para comenzar...

La edad no es y nunca será un obstáculo para lograr tus sueños, con todo y lo que hayas vivido o experimentado anteriormente, siempre es un buen momento para comenzar.

Una historia apasionante es la siguiente, te invito a leer con atención:

Dos mujeres cumplen 70 años, una sabe que su vida se acerca al final y comienza a no salir, cada vez se siente más enferma, para ella ya no hay opciones, piensa que siete décadas de su vida significan que su cuerpo cada vez está peor y está por desmoronarse, y que será mejor comenzar a poner en orden sus asuntos.

La otra mujer, piensa que lo que una persona sea capaz de hacer a cualquier edad depende de sus creencias y de sus pensamientos, y decide que el montañismo puede ser un buen deporte para iniciar su práctica a los 70 años.

Tranquilo, tranquila, sí leíste correctamente, a los 70 años decide comenzar a practicar montañismo, sin embargo, ahí no acaba todo... durante los 25 años siguientes se dedicó a vivir y dominar esta nueva aventura, y llegó a escalar algunos de los picos más altos del mundo, hasta convertirse en la mujer más anciana que ha escalado el Monte Fuji en Japón. El nombre está increíble, y la aventurada mujer es: Hulda Crooks.

Entonces ahora te pregunto: ¿Cuándo será un buen día para comenzar a vivir?

Hoy y siempre, es un gran día para retomar lo que nos entusiasma, aún y cuando no seamos expertos, todo se puede aprender y cada día tenemos esa gran oportunidad, no la desaproveches y cuando te de flojera o digas "No puedo", acuérdate de Hulda Crooks.

Vitamina 89

Eres grande

Día a día es una increíble oportunidad para liberar el enorme potencial que hay dentro de nosotros, en estas breves palabras te defino "Despertar".

Cuando escribí mi libro Despertar la única intención clara y directa que quise plasmar en mis palabras fue que: "Tú eres grande y puedes lograr cualquier cosa". El punto es que muchas veces no lo creemos tan sencillo, y si a esto le sumamos todo los problemas y crisis de la vida, pues menos lo creemos, y entonces poco a poco toda grandeza se va durmiendo.

El reto Hoy y siempre, para cada uno de nosotros es: DESPERTAR a nuestro potencial y grandeza para que con el trabajo diario y dedicación, con el tiempo nuestras metas y sueños sucedan.

Vitamina 90

El Ahora

El AHORA es el único momento que cuenta, es lo que tenemos, es lo que es, y hoy te invito a vivirlo plenamente a cada instante de este día.

Hoy y siempre, es un buen día para decidirte a estar plenamente presente en el "Ahora", ya que éste es el único momento que cuenta, es el más valioso, el pasado ya es otra historia y el futuro no está garantizado...

¡Disfruta y VIVE al máximo este gran día!

Vitamina 91

El hábito de la Acción

«Hoy haré todo lo que tenga que hacer y como debo hacerlo, realizaré las tareas más difíciles primero porque eso acabará con el hábito de la postergación y en su lugar, desarrollaré el hábito de la acción».

La postergación (como yo digo) o la dilación, es el mejor "pretexto" para no hacer nada. Si realmente quieres cambiar tus resultados y tu vida, empieza siempre tu día con un plan, con una lista de acciones que te permitan organizar tu día de una manera que éste sea más productivo, y te dé el tiempo y la oportunidad de enfocar parte de él en actividades que te entusiasmen y apasionen.

Si cada día comienzas haciendo las tareas más importantes y más difíciles a la primera hora de la mañana, te garantizo que te sobrará mucho tiempo para dedicarlo a ti, a tu persona, a tu familia, a tu crecimiento personal y profesional.

Vitamina 92

Responsabilidad

Despertar es una responsabilidad que tiene todo ser humano para realizarse al máximo y lograr su felicidad.

A pesar de los resultados que hoy tengas en tu vida, la única persona que los puede cambiar eres tú.

La responsabilidad de mejorar tus condiciones de vida, tu trabajo, tu salud, tu economía... es toda tuya.

Si quieres ser más feliz, tener más éxito, toma el control de tu vida abrazando la responsabilidad de tus actos y resultados, y si hoy no te gusta lo que estás obteniendo, pues empieza a hacer cosas diferentes, ya que si no lo cambias tú, nadie lo hará por ti.

Tú eres tu responsabilidad.

Vitamina 93

Acción y Actitud determinan tus Resultados

«Las batallas de la vida no siempre las gana el hombre más fuerte o el más rápido, pero tarde o temprano el hombre que gana es aquél que cree que puede hacerlo».

Napoleón Hill

De nuevo, ¡Si crees que puedes:¡Puedes! ¡Punto! ¡No hay más, ya no les des más vueltas! Tu acción y tu actitud son las que te permitirán triunfar y ser exitoso en el área que tú así lo decidas.

Hoy y siempre, es un gran día para desafiarte y lograr lo que quieras en tu vida, por supuesto que tendrás que prepararte y trabajar muy duro, sin embargo, ese es el reto.

No dejes tu vida a la suerte o a pensar que alguien más te apoyará. Tú eres el responsable de tu destino y de tu vida, y en lo más profundo de tu mente sabes qué es lo que hay que hacer para salir victorioso en esa meta o sueño.

¡Vamos a trabajar y a continuar!...

Vitamina 94

Atrévete a hacerlo

¡Atrévete a hacerlo! ¡La gente te podrá juzgar de todos modos! Es lo que mucha gente hace, (tristemente).

¡La mayoría de la gente ni siquiera sabe quién eres tú!

Ellos no conocen al "verdadero Tú". Ellos sólo saben lo que "piensan que eres Tú", basados en la poca información que tienen sobre ti.

Así pues, déjalos que piensen o sientan lo que quieran.

¡Ocúpate de dar siempre lo mejor de ti!

Vitamina 95

Comprométete con tu cambio personal

«Nadie puede correr un maratón por ti», si quieres mejorar tu vida, sólo tú sabes qué es lo que tienes que cambiar.

Si hoy no te queda absolutamente claro qué es lo que debes empezar a cambiar, te recomiendo preguntarte: ¿Qué estás dejando de ganar por seguir comportándote y actuando de la misma manera?, ¿Cómo sería tu vida si lograras esos sueños o metas que hasta hoy sólo han permanecido en tu mente como una idea?

Hoy y siempre, es un buen día para comenzar a ocuparnos de nosotros, de nuestra vida y comenzar una historia diferente que te permita sentirte más feliz y exitoso.

...Y esto de comprometerte con el cambio personal, incluye todas las áreas de nuestra vida, recuerda que el éxito es tener armonía en tu vida, en tu salud, en lo económico, en lo emocional, espiritual, en lo profesional, etc.

Hoy te invito a: Identificar ¿Cuál es el área de tu vida que le urge que te comprometas para mejorar y sentirte más feliz? Cada uno de nosotros lo puede saber, sin embargo, no lo dejes nada más en el conocer, sino que te invito a poner acción de inmediato para que poco a poco te puedas sentir mejor y más exitoso en cualquiera de las áreas.

Vitamina 96

Soñar, Creer, Atreverse y Actuar

Soñar, Creer, Atreverse y Actuar..., son los primeros pasos para lograr grandes cosa en tu vida. Sueños todos los tenemos PERO el que CREAS en que pueden hacerse realidad, te Atrevas y Actúes para lograrlo hará la diferencia.

Te invito a hacer la diferencia, a que CREAS, te ATREVAS y ACTÚES, —el potencial lo tienes—, ya no lo pienses más.

¡Sé que puedes y lo harás! Y si aún no te has convencido, te invito a conocer un poco la historia de un gran hombre que soñó, creyó en que podía ser posible, se atrevió y actúo cada día de su vida hasta el final.

Henry Ford, fue un hombre que a inicios del año 1900 tuvo la idea y el sueño de construir un automóvil para toda persona que viviera en EU. En aquella época muy pocos tenían automóvil, estos eran muy costos, y por esto Ford vio esa gran oportunidad y se fijó en su mente este sueño.

Su sueño se convirtió en su vida, hasta que creyó firmemente que lo podía lograr. Las personas cercanas a él se reían, decían que eso era imposible, pero firme en su creencia, encontró a las personas correctas y comenzaron a trabajar, y de ahí en adelante todo fue Acción y trabajo, por supuesto que hubo errores y resultados negativos, sin embargo, Ford desafió a su época y se atrevió a construir el auto llamado el "Modelo T" con el motor V-8.

Ford fue fiel a su sueño y continuó, y hoy después de 100 años esto es Historia.

Hoy y siempre, es un gran día para definir tus sueños, creer que los puedes alcanzar y atreverte a comenzar..., así que toma acción, y ¡El mejor de los éxitos!

Vitamina 97

Agradece por todo lo bueno

Nunca te olvides de agradecer y reconocer todo lo que has conseguido hasta este momento a nivel personal, físico, financiero, etc., por más simple que sea, no dejes de SORPRENDERTE por las grandes o pequeñas cosas que has logrado hasta este momento.

Hoy y siempre, es un buen día para ser agradecidos con nosotros mismos, con las personas que nos rodean, con nuestro cuerpo, etc.

Al reconocer y hacer el inventario de todas las cosas buenas que hoy tienes en tu vida y que has logrado, toda la ansiedad y los problemas que a veces nos agobian se hacen más pequeños y van desapareciendo. Es por esto que te recomiendo que día a día puedas identificar las 3 cosas que agradeces en tu día, si lo haces al final del día y antes de dormirte y, sobre todo, de manera disciplinada y todos los días de tu vida, te garantizo una vida más plena y feliz.

Y Ahora, ¡Basta de agobiarte tanto!, vives en un universo lleno de abundancia y tú mismo tienes el potencial y la inteligencia para cambiar lo que no te gusta.

Hoy es tiempo de ocuparte y actuar de una manera diferente que te permita sentirte exitoso.

Vitamina 98

Cada día es una Nueva Oportunidad para comenzar...

¿Qué es lo que vas a hacer HOY para que valga realmente la pena el día?, esta pregunta es genial para iniciar y comenzar a disfrutar nuestro día desde temprano.

Si al estar en el baño o en la regadera te pusieras a pensar en qué es lo que tienes que hacer Hoy y que hará la diferencia en tu día, te garantizo que cada persona tendríamos un día más feliz, ya que lo que normalmente pasa es que nos levantamos y andamos a la carrera y en lo que menos pensamos es en el gran plan para el día.

Hoy y siempre, será un buen día para comenzarlo con la pregunta: ¿Qué es lo que voy a hacer HOY para que valga realmente la pena el día?

Vitamina 99

Determinación

«La diferencia entre una persona exitosa y los demás, no es su falta de fortaleza, ni su falta de inteligencia, sino su falta de determinación».

Vince Lombardi

Determinación es lo que a muchas veces falta en la vida para iniciar ese cambio tan importante que debemos realizar. La buena noticia es que: Si hoy tu determinación se encuentra dormida o no tan ejercitada, ésta se puede aprender y ejercitar al momento de comenzar a practicarla.

La determinación nace de tu voluntad, de tu deseo por cambiar o lograr algo, así que si quieres beneficiarte de la determinación y comenzar a utilizarla, primero empieza a definir claramente qué quieres o hacia dónde vas. Ya que la claridad de lo que quieres te ayudará a motivarte y conforme pasan los días, si eso que soñaste realmente lo quieres, tu determinación comenzará a manifestarse.

Vitamina 100

¡Hazlo Ahora!

El secreto para hacer que sucedan tus sueños y metas es: ¡Hazlo Ahora!, esta frase es acción en su máxima expresión, todo lo que tienes en tu mente puede suceder, lo único que tienes que hacer es MOVERTE,... Nadie lo hará por ti.

¡Hazlo Ahora! Quiere decir ahora, ahoritita en este momento, no esperes más, ya que entre más lo pienses menos lo harás, esto se parece a cuando tienes que bañarte y el agua esta fría, y como tienes que bañarte por alguna cita importante simplemente tomas fuerzas y te metes a la regadera; así de simple como en este ejemplo, es activar el poder de: ¡Hazlo Ahora!, y una vez que lo hagas, te garantizo que lo disfrutarás y te sentirás muy bien, y lo mejor de todo es que si cada vez haces lo que tienes que hacer, llegará un momento en que todo lo harás de manera automática.

Vitamina 101

¡Estás Vivo!

El hecho de levantarnos por la mañana es un verdadero milagro: ¡Estamos vivos! Tenemos que aprovechar esa oportunidad para el crecimiento y desarrollo personal, vernos a nosotros mismos tal como somos, comenzar a trabajar nuestras cuestiones interiores y mejorarnos todos los días, hasta el final de nuestra existencia.

Ese es el reto que como humanos tenemos, mejorar cada día y comprometernos con la mejora continua todos los días de nuestra vida, para que cuando abandonemos este plano de existencia, dejemos un mundo mejor del que encontramos.

Como decía Gandhi: «Quizás nunca sepas el resultado de tus acciones, pero si no haces nada no habrá resultados». Lo creamos o no, todo tiene un impacto en nuestra vida y en la de otros.

La invitación Hoy y siempre, es: Estar despiertos a tomar Acción para mejorar nuestra vida y la de otros.

¡Comencemos a mejorar algo!, por pequeño que sea podrás dejar tu huella...

Vitamina 102

Vuela hacia tus sueños...

Hace algún tiempo en el libro de Isha: ¿Por qué caminas si puedes volar?, leí un relato que me encantó, a continuación te invito a leerlo con atención:

Había una vez un rey que recibió como regalo dos magníficos halcones provenientes de Arabia. Eran halcones peregrinos, las aves más hermosas que se hayan visto jamás.

El rey entregó las preciosas aves al maestro de cetrería para que las entrenara.

Pasaron los meses y un día el maestro de cetrería le informó al rey que uno de los halcones estaba volando majestuosamente, planeando alto en los cielos, pero el otro halcón no se había movido de su rama desde el día en que llegó.

El rey convocó a curanderos y hechiceros de todas las tierras para atender al halcón, pero ninguno pudo hacer que el ave volara. Luego les presentó la tarea a los miembros de su corte, sin embargo, al día siguiente, el rey vio a través de la ventana del palacio que el ave aún no se movía de su percha. Habiéndolo intentado todo, el rey pensó: "Tal vez necesito a alguien que esté más familiarizado con la vida del campo para que entienda la naturaleza de este problema". Entonces le gritó a su corte:

— ¡Vayan a buscar a un granjero!

A la mañana siguiente el rey se emocionó al ver al halcón volando muy alto sobre los jardines del palacio y le dijo a su corte:

—Tráiganme al hacedor de este milagro.

La corte rápidamente localizó al granjero, quien vino ante el rey. Éste le preguntó:

—¿Cómo hiciste para que el halcón volara?

Con reverencia, el granjero le dijo al rey:

—Fue fácil, su majestad. Simplemente corté la rama.

Hoy y siempre, es un gran día para cortar esa rama y volar hacia nuestros sueños...

Vitamina 103

Actitud

El más significativo cambio en la vida de una persona es el cambio de actitud. «Actitudes correctas producen acciones correctas».

William J. Johnston

Actitud es la diferencia donde reside toda la diferencia. En el día a día nos topamos con personas que tienen una actitud increíble ante la vida, y (no sé si como yo), tú alguna vez te has preguntado: "¿Cómo le hacen?", tienen condiciones o una vida peor que la mía, y míralos cómo sonríen.

Y bueno, aquí es donde está la gran diferencia: Todas las circunstancias que rodean nuestra vida son sólo circunstancias que cada uno de nosotros decidimos interpretar de maneras diferentes.

La invitación de Hoy y siempre, es: "Cuando estés ante una circunstancia negativa: Analiza la situación, toma el aprendizaje, y no te enganches"; sigue adelante...

Vitamina 104

Enfoque

Alguien que me inspira es el Señor W. Gillette quien a finales del año 1800 se concentró decididamente en: "Ofrecer la mejor afeitada al mundo". Gillette cambió la Historia y hoy sigue brindado la mejor afeitada al mundo.

Para lograr tus sueños ya seas (hombre o mujer), requieres de enfocarte y trabajar por tus sueños, ésta es la fórmula, nada sucederá de la noche a la mañana, y mucho menos llegará el genio de Aladino en su alfombra mágica para preguntarte qué deseas para tu vida.

El verdadero milagro es que cada quien tomemos la decisión correcta de iniciar y pagar el precio de lo que requeriremos hacer para que suceda

Vitamina 105

El Éxito comienza con Acción

«Nada pasa a menos que decidas que pase».

Ana María Godínez

Si queremos ser exitosos, vivir en armonía y rodeados de bienestar, tenemos que tomar acción. Acción ha sido el verbo preferido por las personas que han decidido cambiar su vida y mejorar en cualquier aspecto. Y lo mejor de todo, es que si quieres tomar acción, lo único que tienes que hacer es: ¡EMPEZAR!

Tomar acción es todo lo que se necesita para alcanzar el corazón de tu potencial. No es esencial que cambies lo que haces, sino cómo lo haces. No es cambiar la forma de vida, sino cómo piensas acerca del vivir. No es cambiar la forma en que haces las tareas, sino cómo percibes que las cosas tienen que ser hechas. Y no es cambiar tu vida diaria, sino cómo la vives.

"Tomar acción es entregar tu voluntad a ser todo lo que puedes ser. En cada momento de cada día una voluntad comprometida, no sabe de un reto, sino de una oportunidad".

Así que, ¡No se diga más! ¡Acción!

Vitamina 106

Desafíate a ti mismo

Lo que hemos aprendido de muchos personajes de la Historia es que tomaron la decisión de atreverse, se desafiaron a ellos mismos y a la época en que vivían; y gracias a esto, actuaron, hicieron realidad sus sueños, metas y objetivos...

El reto para lograr cualquier cosa que nos propongamos es desafiarnos en primer lugar, a nosotros mismos, ya que la mayor parte de los obstáculos para triunfar los ponemos nosotros mismos.

Si en tu mente tienes una idea que te puede apoyar a mejorar tus resultados y a acercarte a tus sueños, ¡No se diga más!, comienza ahora y no dudes de ti, estás tomando la decisión correcta.

A continuación te invito a leer esta historia inspiradora que aparece en el libro de: Piense y Hágase Rico, de Napoleón Hill.

Bill era un enfermizo muchacho que vivía en el campo, en la región del Sudeste de Missouri. Un entusiasta maestro de la escuela indujo al pequeño William Danforth a cambiar su mundo. El maestro lo hizo con este reto: "¡Te desafío!" "¡Te desafío a que te conviertas en el chico más sano de la escuela!", y el "¡Te desafío!",... se convirtió en el factor de Auto motivación de William Danforth a lo largo de toda su vida, ya que desde aquél tiempo llegó a ser el chico más sano de la escuela.

Antes de morir, a la edad de 85 años, ayudó a miles de jóvenes a tener buena salud... y lo que es más: A aspirar con nobleza, a atreverse con audacia y a servir con humildad. En el transcurso de su larga carrera, jamás perdió un sólo día de trabajo como consecuencia de alguna enfermedad.

El "¡Te desafío!", le indujo a fundar una de las más importantes empresas de los Estados Unidos, la Ralston Purina Company. El "¡Te desafío!", lo motivó a entregarse a la reflexión creadora y a convertir las desventajas en ventajas. "¡Te desafío!", le llevó a organizar la American Youth Foundation, cuya finalidad era la de inculcar en los jóvenes los ideales cristianos y prepararlos para las responsabilidades de la vida.

"¡Te desafío!" llevó a William Danforth a escribir un libro titulado precisamente: ¡Te Desafío!

Hoy en día, este libro inspira tanto a los hombres, como a las mujeres y jóvenes, a tener el valor de construir un mundo mejor en el cual poder vivir.

Vitamina 107

Tienes que seguir intentándolo...

En tu vida nada se hará realidad la primera vez, necesitas intentarlo una y otra vez hasta que suceda.

Te tengo una nueva creencia o paradigma positivo que te apoyará en tu vida: "No es deshonroso fracasar, sólo quien se rinde es un verdadero fracasado"; se oye muy duro, y el leerlo así de claro provoca ansiedad e incomodidad, pero, ¿sabes algo?, éste es el camino para salir del estacionamiento del fracaso y empezar una nueva historia en el camino a lograr esos sueños.

En el libro El estilo Mary Kay, escrito por Mary Kay, nos dice que una vez alguien le preguntó a Edison qué sentía al haber fracasado más de 25,000 veces mientras experimentaba con el acumulador, y su respuesta fue sencilla: "No, no fracasé, descubrí 24,999 maneras en las que el acumulador no funcionaba".

Edison generó más de 1093 patentes y él dejó claro que nada funciona la primera vez, ¿Qué más necesitas saber para continuar?

Vitamina 108

Excelencia

Hoy es un buen día para empezar a buscar nuestras metas o cualquier objetivo que se convierta en tu motor interno para llevar cada día de tu vida a tu máximo esfuerzo.

Si queremos un país y una realidad diferente, cada día es una gran oportunidad para empezar a quitar la mediocridad y tener más excelencia en todo lo que hacemos y, con esto no me refiero sólo a la parte laboral, sino en cada aspecto de nuestra vida.

Miguel Ángel Cornejo, (Conferencista y Autor reconocido), comparte que: "La Excelencia es una búsqueda permanente de hacer cada día más y mejor, un llamado natural de los seres humanos: Evolucionar".

Hoy y siempre, podemos aportar algo de nosotros mismos para mejorar y llevar nuestra persona y profesión a la excelencia.

Vitamina 109

Definición de tus Metas

Para lograr ser exitoso debes saber qué quieres para tu vida y eso sólo tú lo puedes definir.

Existen personas que van por la vida a la deriva, sin un propósito, sin tener la más mínima idea de para qué trabajo están más capacitados, y no tienen un objetivo claro por el cual luchar.

¿Te parece alarmante el párrafo anterior? Bueno, pues si no me crees, te comparto esta estadística: Sólo el 2% de las personas conocen claramente sus objetivos y se enfocan a trabajar exhaustivamente en conseguirlos, y el resto, (el 98%), no saben a dónde se dirigen; están envueltas en la rutina diaria, y al final de cada día se sienten cansadas y agotadas.

Esta estadística es muy cierta, y en lugar de que te asustes o digas: "¡No puede ser!", "¿estaré yo en ese 98%?", etc., te invito a empezar a ubicarte y retomar: ¿Qué es lo que quieres para tu vida?

Tu propósito u objetivo en la vida deberá ser escogido con sumo cuidado, y una vez seleccionado, necesitarás escribirlo en papel para tenerlo siempre presente.

El efecto psicológico de hacer esto, es grabar tu propósito en la "Mente Subconsciente" con tanta fuerza que ésta lo acepte como una pauta que acabará dominando tus actividades en tu vida, y te conducirá paso a paso hasta conseguirlo.

Vitamina 110

Atención + Concentración = Éxito

La atención y la concentración son los elementos clave para cambiar nuestras condiciones negativas a positivas.

Cuando enfocamos nuestros pensamientos por determinado tiempo y en un sólo propósito, no habrá imposibles.

Hoy y siempre, es un buen día para poner atención a nuestros pensamientos y obstáculos mentales que nosotros mismos estamos poniendo en relación a las metas o lo que queremos lograr en la vida.

Si te enfocas en aspectos negativos de tu persona, no estás andando por el camino del éxito. Te sugiero identificar e ir apartando de tu vida y de tu mente todos esos pensamientos negativos; si no sabes cómo hacerle, comienza por identificar con qué personas te reúnes que estén influenciándote para pensar que todo es así de negativo, qué programas son los que frecuentas ver,... y así sucesivamente.

El reto es: Encontrar qué está alimentando esa negatividad en tu vida.

Vivimos en un universo pleno, abundante, y hoy probablemente no ves las opciones, sin embargo, si empiezas a concentrar tu atención y tus pensamientos en cosas más positivas, cada vez lograrás reconocer más rápido todas esas oportunidades.

Vitamina 111

Controla tus pensamientos

«Te conviertes en lo que piensas que eres». ¡Cuidado con tus pensamientos!, pues estos generan emociones y estas emociones, generan ACCIONES o RESULTADOS.

La invitación es: Hacernos más conscientes de las cosas que pensamos, pues te garantizo que estos determinarán el RESULTADO. ¡Eres grande, y tienes un potencial enorme para lograr cualquier cosa que te propongas y lleves a la ACCIÓN!

Vitamina 112

Concentración

La CONCENTRACIÓN es la llave para el desarrollo de nuestra cultura mental, significa "enfoque", un enfoque claro y definido en tu sueño, en tus metas u objetivos.

Muchas personas en la Historia se han concentrado y han conseguido —de manera admirable—, hacer realidad y concretar cada uno de sus sueños.

Henry Ford, se concentró en desarrollar y ofrecer un auto a cada persona de la época, y después de trabajar y concentrarse con un equipo de personas, logró ofrecer este auto, con lo que se eliminó el carruaje y los autos hechos a mano que eran los únicos que habían.

W. Gillette se concentró en ofrecer la mejor afeitada para el mundo. Imagínate a finales del año 1800 ir al barbero con aquella navaja tan filosa e impactante y que pasara por la piel tan frecuentemente. Bueno, Gillette cambió la Historia y hoy en nuestros días gracias a su concentración, siguen proporcionando la mejor afeitada para el mundo.

Vitamina 113

Ocúpate de ti

Vive tu propia vida, deja de ocuparte de la vida de todos los demás, ya que cuando nos ocupamos de nosotros realmente podemos enfocar y concentrar todo nuestro esfuerzo, trabajo y potencial en lo que queremos para nuestra vida.

Lo que pasa normalmente es que al ocuparnos de otros, nuestro potencial, nuestras capacidades, nuestra dedicación y todo lo que quieras agregar, es como si se partieran en dos.

Para triunfar y ser exitoso requieres del 100% de tu potencial, de tu grandeza, de tu inteligencia, de tu concentración, etc., si haces esto, te garantizo que llegarás más rápido a tus objetivos; (con esto no te estoy diciendo que hagas un lado a los demás), y te conviertas en alguien egoísta, ¡Para nada!, lo que te quiero decir, es que a lo que tenga que ver con tu vida, con tus proyectos y sueños le dediques toda la importancia que se merece, pues si tú estás bien, te sientes con un gran entusiasmo, y si estás trabajando por lo que quieres, tu relación y manera de compartir con los demás mejorará.

Vitamina 114

Talento

Tú tienes un TALENTO único y adentro de ti hay algo que puedes hacer MEJOR que nadie. Te invito a DESPERTAR A TU ENORME POTENCIAL para alcanzar tus metas y sueños.

Si hoy no alcanzas a identificar: "¿Cuáles son tus talentos o lo que sabes hacer?", te reto a que: En los próximos minutos tomes una hoja en blanco y comiences a escribir todas las cualidades y habilidades que te distinguen de los demás; aquí no tiene nada que ver si estudiaste o cuántos títulos académicos tienes, aquí lo más importante es reconocer para qué eres bueno y eres el mejor.

¡Sí!, tienes que encontrar todas esas cualidades y habilidades, y si alguna de ellas no la estás utilizando en tu día a día, ya es tiempo de comenzar a compartir con los demás todo esto que tienes adentro de ti.

Por favor, toma acción y haz el ejercicio sugerido, pues si no reconoces de manera tangible todo tu talento y lo que sabes hacer, te garantizo que nadie más lo hará; no le tengas miedo a tener esta conexión interior contigo mismo, ¡Sí tienes talentos!, y más vale comenzar a darles ese valor.

Entonces,... ¿Cuáles son tus talentos o lo que sabes hacer?

Vitamina 115

Paciencia

Paciencia es una palabra tan fácil de decir, sin embargo, en la práctica nos cuesta trabajo experimentarla.

Algo que te puede ayudar a desarrollar la paciencia es entender de una vez por todas que cualquier meta, sueño o incluso aprender algo nuevo lleva su tiempo, nada sucede "a la primera"; para que te conviertas en alguien hábil o llegues a tus sueños, requerirás de tiempo.

La paciencia es una cualidad, resultado de pensamientos que nos ayudan a mantenernos lo más serenos posibles, a tener fe y a saber esperar. La paciencia se crea, se aprende, se practica.

A continuación, te comparto esta breve narración que he podido leer en varios libros, y que pienso que se ha contado por años, (ya que no he podido encontrar el nombre del autor), así que te invito a leerla con atención.

Un pastor tenía dos ovejas y estaba contento porque las dos habían parido y tenían unos hermosos y juguetones corderitos.

Durante la noche, el pastor encerraba sus dos ovejas en un corral que tenía muy cerca de la casa, así se aseguraba que lobos y zorros no las mataran.

En las horas del día las soltaba para que fueran a pastar por los cerros. Y aquel día las soltó como siempre, y dejó a los corderitos en el corral, pues era muy riesgoso soltarlos tan pequeños.

Las dos ovejas cruzaron el río caminando sobre su firme lecho de piedras, pero al poco tiempo se desató una lluvia muy fuerte y torrencial. Las aguas descendieron de los cerros, y el río se desbordó...

El pastor salió hasta la orilla, porque sabía que se acercaba la hora en que sus ovejas regresarían para amamantar a sus críos y pasar la noche en el corral, y vio que sería imposible cualquier intento por cruzar aquel torrente de agua, sin exponerse a ser arrollado y golpeado contra las piedras.

Una de las ovejas se puso a pastar paciente en la orilla, esperando que las aguas bajaran, y la otra, se impacientó y comenzó a lamentarse:

—Esta agua no descenderá y mis hijitos se morirán de hambre, aquí nos sorprenderá el lobo y nos moriremos.

La compañera trató de calmarla:

—No te impacientes, recuerda que ya vimos muchas crecientes en el río y siempre hemos visto las aguas descender, no nos pasará nada grave y mañana amamantaremos a nuestros hijos.

De nada valieron sus reflexiones,... la oveja se arrojó al agua, y el pastor la miraba impotente desde la orilla opuesta. La pobre oveja avanzó un par de metros, pero las aguas la vencieron y la arrastraron río abajo. El pastor y la compañera vieron cómo el cuerpo de la desdichada era llevado y golpeado por la corriente contra todas las rocas salientes.

Al anochecer, las aguas ya habían descendido bastante, pastor y oveja se miraban desde las dos orillas,... el pastor que conocía bien los pasos menos riesgosos, entró al agua lenta y cuidadosamente, llegó hasta la otra orilla, ató una cuerda al cuello de su oveja y ambos volvieron a cruzar el río.

Los corderitos balaban en el corral y el pastor hizo que los dos huerfanitos mamaran de la oveja sobreviviente, que se constituyó en su madre adoptiva.

"Sin esperanza es imposible tener paciencia, porque nadie espera lo imposible; y la esperanza más hermosa es la que nace en las situaciones más desesperantes. La impaciencia, con la que se quiere alcanzar todo hoy, es la que te hace perder la oportunidad de alcanzarlo mañana".

Así que Hoy y siempre, es un buen día para dejar de desesperarte y aprender a ser paciente. Por ejemplo, a Edison le llevó más de 10,000 intentos llegar a su objetivo de generar la luz a través de una bombilla, así que si todavía no llevamos al menos 1,000 intentos... sigue adelante y sé paciente, que cuando menos lo esperes llegarás a tu objetivo.

Vitamina 116

Autodisciplina

«Todos tenemos sueños, pero existe un proceso para hacer nuestros sueños realidad, el cual requiere de una tremenda determinación, dedicación, esfuerzo y AUTODISCIPLINA».

Jesse Owens

Owens, fue el primer Atleta afroamericano en ganar una medalla de Oro en los Juegos Olímpicos de Berlín en 1936.

Logró fama internacional al conseguir 4 medallas de Oro en: los 100 Metros Lisos, 200 metros Lisos, Salto de Longitud, y como participante del equipo ganador en la carrera de relevos 4x100 Metros.

Así le demostró al mundo entero, que la obtención de los logros no se encuentra en el color de piel, ni en la raza, ni en la nacionalidad, sino en la AUTODISCIPLINA.

La AUTODISCIPLINA es una de las herramientas más beneficiosas, poderosas y efectivas del logro personal.

La Autodisciplina es una voluntad de hierro; es el enfoque que necesitas para lograr tus metas y objetivos en la vida (cualquiera que estos sean).

La Autodisciplina es autocontrol personal, auto conocimiento, pero (a diferencia de lo que la sociedad común cree), la autodisciplina no es algo riguroso, ni difícil, ni duro... ¡No es nada de eso!

La Autodisciplina es "libertad"; es determinar nuestra vida con una actitud emprendedora, es tener dominio de lo que somos.

La Autodisciplina es un proceso paulatino, que comprende las maravillas y los beneficios del autoconocimiento, la constancia, la perseverancia y la paciencia; es determinación verdadera...

Vitamina 117

La Vida es un juego

La vida es como un juego de riesgo; todas las respuestas están ahí, y lo único que tenemos que hacer es plantear las preguntas correctas para ganar.

NUNCA DEJES DE PREGUNTARTE,... ya que las preguntas son un detonador muy importante para cambiar tus creencias o paradigmas.

Cuando estamos jugando por primera vez algún juego de mesa y, como (nos interesa ganar) no dejamos de preguntar, y clarificar las reglas y las estrategias que nos llevarán a ganar.

Siguiendo esta misma analogía, si tú quieres triunfar y lograr todo lo que te propongas, debes de convertirte en alguien que continuamente se pregunta y cuestiona cómo lo puedes hacer mejor.

Si ejercitamos a nuestro cerebro con las preguntas correctas, es seguro que cada vez encontraremos más y mejores respuestas.

Einstein dijo: «Si yo tuviera una hora para resolver un problema y mi vida dependiera de la solución, yo gastaría los primeros 55 minutos para determinar la pregunta apropiada, porque una vez que supiera la pregunta correcta, yo podría resolver el problema en menos de cinco minutos».

Vitamina 118

Atrévete

Atrévete, si no lo haces nada pasa, y si quieres que pase: ¡Haz Algo!

Si quieres cambiar tu vida: ¡Necesitas cambiar tu vida! Nadie lo va a hacer por ti, en tu vida estás avanzando o retrocediendo, ¡Nadie puede estar parado!

Atreverse implica en primer lugar tomar la decisión de "Lo voy hacer", lo que sea que tengas en mente, una vez que tomas la decisión has dado el primer paso, y de ahí el segundo paso que debes tener presente para seguir adelante es: Desarrollar el coraje positivo para seguir adelante y seguir intentándolo aún después de los errores o aprendizajes que se presentarán.

El Atreverse también requerirá que mantengas tu Actitud Mental Positiva al más alto nivel, pues cuando te decidas habrá muchas personas que te digan que: "No puedes", "que para qué, "que no es un buen momento", etc., y con su mejor opinión te contaminarán y puedes sentirte mal o con dudas; sin embargo, diles: "Gracias, lo entiendo", y si es algo que (para ti no tiene lógica), sigue adelante, y si algún comentario te generó dudas, pues busca la información correcta con las personas que te puedan apoyar a seguir adelante.

Atreverse es vital para lograr lo que tengas en mente, independientemente de tu edad o situación académica, o económica puedes hacerlo.

Vitamina 119

Comprende el Éxito

Estarás de acuerdo conmigo en que todas las personas hablamos de éxito y que queremos ser exitosas en nuestra vida y en todo lo que hacemos, sin embargo, no sé si has hecho un alto y te has puesto a reflexionar en qué es éxito para Ti. Sí, leíste bien.

Muchas veces lo que pasa con una sola palabra tan simple es que no la entendemos y nos emprendemos en una aventura que no sabemos hacia dónde vamos o qué estamos buscando y al no alcanzar el éxito que alguien nos dijo, que pensabas o tenías en mente, resulta que te sientes frustrado, desmotivado, agobiado y ya no encuentras una salida, y llega un momento en tu vida que consciente e inconscientemente desistes, renuncias y dices: "Ya no quiero tener éxito", "el éxito es malo", "las personas exitosas que tienen dinero no son felices", etc.

Lo grave de este punto es que muchas veces hemos renunciado a seguir adelante en el desarrollo y en la búsqueda de sentirnos plenos y exitosos y entonces comenzamos a dormirnos estando vivos, y con todo un potencial encerrado dentro de ti y de cada uno de nosotros.

La buena noticia es que: ¡El éxito sí existe y está en el interior de tu propia mente!, y para creer todo esto que te digo, debemos de tener en mente que el éxito es algo bueno y que nos hace sentir extremadamente bien. Sé que en este momento en tu mente aparece una imagen clara y son dos signos de interrogación y la siguiente pregunta: "Oye Ana, entonces ¿qué es el éxito?". Bueno, desde mi punto de vista y experiencia, el éxito comprende cuatro puntos claves y que estoy convencida de que debemos de ponerles atención. Considero que una persona es exitosa cuando tiene una armonía hacia su interior y hacia el exterior en la parte: física, emocional, espiritual y financiera.

Sí, leíste bien. El éxito no necesariamente solo tiene que ver con tener mucho dinero o un buen coche, o cosas extremadamente caras, el éxito es sentirte pleno, feliz, con ganas de vivir y tener un mundo de opciones y posibilidades para hacer todo lo que te hayas propuesto en tus metas, sueños u objetivos.

Una definición que me encanta y realmente la he aprendido para no confundirme y buscar un éxito verdadero, ha sido la definición que algunos años atrás, Napoleón Hill nos compartió. Para este gran ser humano y maestro el éxito: «Es el desarrollo del poder con el que uno consigue cualquier cosa que desea en la vida sin interferir con los derechos de los demás».

Para mí, esta definición me pone en el contexto correcto ya que claramente nos explica que podemos obtener lo que queremos en la vida desarrollando un poder interno que, nos ayudará e impulsará a conseguirlo, pues es cierto que soy o seré exitoso en la medida que no dañe o viole los derechos de otros y esto, —estarás de acuerdo conmigo—, que es una ley natural que está presente en el universo.

Vitamina 120

Saber

El 20% de cualquier cambio consiste en saber el cómo, pero el 80% restante consiste en saber por qué.

Si queremos un cambio permanente en nuestra vida y que nos haga sentirnos mejor emocional, física, mental o financieramente es muy importante que antes de cambiar te decidas a "Elevar tus criterios" y para esto te sugiero hacer el siguiente ejercicio:

1. Escribe todas esas cosas que ya no estás dispuesto a...
2. Cambia tus Creencias, ya que si no las cambias, éstas te seguirán controlando el resto de tu vida. Si hoy no te queda claro qué es una "creencia", te comparto que es una orden incuestionada que nos dice cómo son las cosas, qué es posible y que no, qué podemos hacer y qué no. Las creencias configuran nuestras acciones, pensamientos y emociones.
3. Cambia tu Estrategia: Si sigues actuando de la misma manera, seguirás teniendo los mismos resultados. Utiliza la mejor estrategia para generar cambios y mejores resultados para tu vida. Estrategia tiene que ver con acción —no basta sólo pensarlo—, tenemos que actuar para conseguir el cambio duradero.

Vitamina 121

¡Basta de Excusas!

«No te creas todo lo que piensas». Si de repente aparecen voces y pensamientos como: el 'Juececito'® (si ya lo has conocido en nuestros talleres sabes a qué me refiero y si no, muy pronto espero dedicar todo un libro a este personaje tan singular en la vida de todo ser humano), y todo obstáculo mental como los siguientes:

- "No puedo cambiar, el cambio es imposible para mí".
- "No puedo evitar ser como soy, uno no puede cambiar su ADN".
- "Mi constitución genética no me lo permite".
- "Todo es consecuencia de mi pasado".
- "Soy así por la infancia que viví, no puedo cambiar".
- "Mis raíces y condicionamiento familiar han hecho lo que soy".
- Y muchas otras...

La respuesta sencilla es: ¡BASTA DE EXCUSAS!, (perdón por ser tan directa), sin embargo, es la única manera de cambiar tu vida.

Si quieres eliminar las excusas de tu vida por favor, explora las siguientes preguntas:

- ¿Es verdad?
- ¿De dónde salieron las excusas?
- ¿Qué consigues al utilizar esa excusa? (Evitar cosas, Seguridad, Salida Fácil, Manipulación, Tener razón, Culpa, Protección, Escapar del momento presente).
- ¿Cómo sería mi vida si no tuviera que utilizar excusas?

NOTA: TE RECOMIENDO HACERLO PARA CADA UNA DE TUS EXCUSAS; este ejercicio es revelador y si realmente quieres hacer un cambio duradero... Es un buen camino.

«Una excusa es peor y más temible que una mentira».

Alexander Pope

Vitamina 122

Acción

«Cualquier cosa que valga la pena tener merece que se trabaje por ella».

Andrew Carnegie

Nada de lo que desees para tu vida llegará a ti por arte de magia y sin esfuerzo.

Así que a poner ACCIÓN y a trabajar para que sucedan nuestras metas personales, financieras, de salud, profesionales y cualquier cosa que hoy tengas en mente y aún no haya sucedido.

Él siendo un pobre inmigrante Escocés se convirtió en el hombre más rico de Norteamérica.

Desde muchacho, y durante toda su vida, Carnegie actuó movido por una sencilla filosofía básica:

«Cualquier cosa que valga la pena tener merece que se trabaje por ella». Esta sencilla filosofía se convirtió en su Magnífica Obsesión.

Y antes de morir a la edad de ochenta y tres años, Carnegie había trabajado con diligencia durante muchos años, compartiendo inteligentemente sus grandes riquezas con sus conciudadanos y con las futuras generaciones.

Mientras vivió, Carnegie logró ceder aproximadamente quinientos mil dólares por medio de donaciones directas o fundaciones. Su entrega de millones de dólares para la creación de bibliotecas constituye un célebre ejemplo de la aplicación de su norma.

Hoy y siempre, es vital trabajar por aquello que tengamos en mente.

Vitamina 123

Reta a tus Creencias

«Al cambiar lo que creemos, cambiamos lo que somos». Cada día es una gran oportunidad para hacer una limpieza de nuestras creencias, paradigmas o hábitos que están obstaculizando nuestros resultados, y que evitan que explotemos al máximo todo nuestro potencial.

Las creencias son conclusiones o decisiones que has hecho en diversas etapas de tu vida, mediante la observación de tu ambiente familiar, social y cultural. La mayoría de tus creencias se han desarrollado en una edad joven y en un momento en el que tenías poca experiencia de la vida. Algunas de tus creencias son aprovechables y otras no.

La mayoría de tus creencias se basan en la persona que eras en la edad en que se crearon. Has crecido pero la estructura de creencias no ha crecido.

Seas consciente o no, tus creencias las expresas cada día mediante tu lenguaje y por tu manera única de responder a cuestiones diversas. Tus creencias influyen tus elecciones, tus decisiones y tus acciones, así como el tiempo que emplees para cumplir o hacer algo.

Con todo lo anterior, ¿Crees que valdrá la pena poner un poco de atención en lo que tienes en tu mente?

Hoy y siempre, es una gran oportunidad para mejorar tu vida a través de identificar las creencias que te están limitando.

Vitamina 124

Oportunidad

Hoy y siempre, tenemos la gran OPORTUNIDAD de escribir una gran historia en nuestra vida; eres el protagonista y de cada uno de nosotros depende hacer los ajustes necesarios para sentirnos mejor y más exitosos. «Para cambiar tu vida, necesitas cambiar tu vida».

Día a día, existen múltiples opciones y oportunidades que están ahí para nosotros y para ayudarnos a lograr nuestros éxitos, sin embargo, muchas veces no somos capaces de reconocerlas pues vivimos a la carrera y presionados, y es como si fuéramos en un coche por el carril de alta velocidad y no vemos las señales.

En primer lugar, es fundamental ser conscientes y creer que las oportunidades siempre están ahí, y que para poderlas ver y aprovechar se requiere tener una motivación clara de lo que estamos buscando en nuestra vida y, sobre todo, de tener una Actitud Mental Positiva, pues esta actitud es la que te permite mantenerte "alerta y en sintonía" con todos tus sueños y, por lo tanto, te permitirá reconocer el momento preciso de estas oportunidades.

Vitamina 125

Concentración

«Tu concentración determina tu REALIDAD», y ¿Tú en qué te estás concentrando?

Si te estás concentrado en tus metas y en tus objetivos, seguro tendrás grandes días en tu vida, aunque el cansancio se manifieste, tendrás la suficiente energía para continuar y seguir intentándolo.

En cambio, si tu concentración está en lo negativo, en los errores que has cometido o en lo que no has podido hacer en tu vida, te garantizo que cada vez te sentirás peor, y —como no quiero esto para ti—, (ni para nadie), te recomiendo que analices de verdad en qué te estás concentrado y poniendo tu atención y tu energía.

Está demostrado que nuestros pensamientos generan emociones, y estas emociones nos impulsan a la acción, así de sencillo es esto. Si tu concentración está en prepararte y buscar opciones, automáticamente se manifestarán en ti las emociones correctas que te lleven a la acción y, por lo tanto, te acerquen el resultado.

El reto es: Concentrarte en lo bueno y en lo positivo que has conseguido a este momento, para que con el tiempo tu "realidad" sea la vida que quieres vivir y compartir con las personas que te rodean.

Vitamina 126

Carpe Diem

«Carpe Diem», apodérate de este día y todos los días de tu vida. "Aprovecha la oportunidad y no esperes a mañana, porque puede ocurrir que mañana la oportunidad ya no exista".

Nadie tenemos garantizada la permanencia en esta vida, por lo que Hoy y siempre, vale la pena recordar que nadie asegura que estemos aquí el día de mañana...

Steve Jobs, tiene una anécdota muy interesante:

En los inicios de su carrera... un día dando una conferencia, se dio cuenta que una chica en la primera fila lo estaba escuchando con mucha atención; esto le interesó y se dio cuenta de que era una chica muy bella y, al terminar la conferencia bajó del escenario, se presentó y le pidió su número de teléfono, y se retiró al estacionamiento. Al estar en su coche se preguntó: Si ésta fuera mi última noche, "¿Qué sería lo mejor que tendría que hacer?", y entonces, apareció la respuesta: "Cenar con la chica nueva".

Para no tomarme tiempo demás en este relato, esta historia concluye en que esa bella chica se convirtió en su esposa...

Y de ahí en adelante, Steve Jobs siempre que se encuentra ante una situación donde debe tomar la mejor decisión se pregunta: "¿Qué haría si éste fuera mi último día aquí?".

Espero que esta pregunta te acompañe de aquí en adelante y siempre en tu vida, te garantizo que si la tienes presente siempre serás más consciente de todas tus decisiones.

Hoy y siempre, es importante valorar en dónde estoy poniendo el mejor uso de mi tiempo.

Vitamina 127

Disciplina

«Para toda disciplina existe una recompensa múltiple».

Jim Rohn

Quienes siguen un camino hacia el éxito, siguen un camino que Anthony Robbins llama: «El camino hacia el triunfo», y para caminar por él, se requiere la "Fórmula Definitiva del Triunfo". El primer factor de esta fórmula es: Saber exactamente cuál ha de ser el resultado; o sea, definir con "precisión" qué queremos en la vida. El segundo factor, consiste en pasar a la acción.

En uno de los libros de Anthony Robbins se relata la historia inicial de Steven Spielberg, te invito a leer con atención:

A los doce o trece años de edad, Spielberg ya sabía que quería ser director de cine. Su vida cambió a los diecisiete años, la tarde en que participó en una visita turística en los estudios de "La Universal".

La visita no pasó por los platos de rodaje, donde se desarrolla la verdadera actividad, de modo que Spielberg, (teniendo en mente su objetivo), pasó a la acción, y se apartó del grupo para observar a escondidas la filmación de una película.

La aventura acabó en un cara a cara con el Jefe del departamento de Montaje de "La Universal"; la conversación duró una hora, y su interlocutor mostró un vago interés por las actividades fílmicas de Spielberg.

Para la mayoría de las personas, el suceso habría terminado aquí. Pero Spielberg, no era como la mayoría de las personas: Sabía lo que quería. Había aprendido de su primera visita, de modo que, cambió su planteamiento:

Al día siguiente se puso un traje, se llevó el maletín de su padre (que no contenía más que un bocadillo y dos barras de caramelo), y se metió en los estudios como si formase parte del personal, pasando por delante de los guardias con la mayor naturalidad desde el primer día.

Luego se hizo de una camioneta abandonada, y le colocó un rótulo (con letras adhesivas), que decía: "Steven Spielberg, Director".

De esta manera, pasó todo el verano visitando a Directores, Guionistas y Montadores, moviéndose cerca de las fronteras del mundo en que deseaba entrar; mientras aprovechaba para observar y desarrollar su sentido de lo que daba eficacia a una película.

Por último, a los veinte años de edad, y convertido ya en un asiduo de los estudios, Steven presentó a "La Universal", una película que había conseguido llevar a cabo, y obtuvo un contrato de 7 años para dirigir una serie de televisión. ¡Había convertido sus sueños en realidad!

¿Se atuvo Spielberg a la "Fórmula Definitiva del Triunfo"?... ¡desde luego que sí! Poseía ese conocimiento especializado que consiste en saber lo que uno quiere. Pasó a la acción, y mostró la agudeza de percepción necesaria para saber qué resultados estaba obteniendo.

Vitamina 128

La realidad es que: ¡Sí puedes!

«Si crees que puedes estás en lo cierto, si crees que no puedes también lo estás». Sabias palabras de Napoleón Hill, que después de 100 años se siguen aplicando a nuestra realidad, y la REALIDAD es que: ¡Sí puedes!, sólo es una decisión que está esperando en lo profundo de tu mente y de tu Ser.

Si quieres lograr algo diferente, tienes que comenzar a creer que sí puedes, intentarlo y tomar acción para que suceda.

Si tú dudas de ti y piensas que no puedes, o que no sucederá ese éxito o meta que tienes en tu mente, desde ahorita te digo que... No sucederá.

Después de leer muchos autores y de aplicar su conocimiento en mi propia vida, te puedo decir que mucho del camino al éxito empieza primero en nuestra mente.

Si hasta hoy, y durante años has estado ejercitando el "músculo de tu mente" con las palabras "no puedo", es seguro que te llevará tiempo llegar a reactivar el "músculo mental" de: ¡Sé que puedo y lo haré!; pero la buena noticia es que: Sí es posible, sólo toma la decisión "Hoy".

Si lo anterior te hace sentido, te pido que comiences a trabajar con el poder de tu subconsciente a través de cada mañana repetir a la primera hora de tu día, (cuando dejes tu cama), lo siguiente: "Hoy será un gran día y todo lo que haga cada vez me ayudará a mejorar mis resultados, ¡Sé que puedo y lo haré!".

Te garantizo que con la repetición consciente de estas palabras, éstas se grabarán en tu mente, y con el tiempo comenzarás a comportarte como una persona que "cada vez le va mejor y que todo lo que intenta le empieza a dar mejores resultados".

¡Sí puedes y lo harás!, cree en esto y sucederá...

Vitamina 129

Elimina los Obstáculos

Cada obstáculo y reto que enfrentas en relación a tus sueños, (aunque no lo entiendas y duela), te acercará cada vez más a tu meta.

La clave del éxito es enfrentar estas situaciones, seguir insistiendo y nunca desistir, pues cada día de tu vida es una nueva oportunidad para acercarte a tu objetivo.

Imagina si todo en la vida fuera fácil y resultara a la primera, —sé que esto suena bien—, sin embargo, deja de pensar que así será; pues esto no es posible, nunca lo será.

Los exitosos o personas que han triunfado en su vida lo han intentado más de 1 vez, entonces... ¿Por qué la mayoría de las personas al tener el primer o segundo obstáculo en el camino hacia lo que queremos, nos sentamos y nos damos por vencidos?, ¿por qué?, esto no es lógico, ya que la mayoría de las biografías y las personas que han logrado sus metas, siempre comentan que nada es cuestión de suerte, sino más bien, de trabajo enfocado a la meta.

Hoy y siempre, es un gran día para no dejarnos vencer ante los primeros obstáculos.

Hoy y siempre, es un día para estos obstáculos y buscar nuevas oportunidades y maneras de hacer las cosas.

Opciones hay, sin embargo, muchas veces no las vemos porque estamos viendo hacia el lado equivocado, es decir:

Cambia tu perspectiva y sigue hacia delante...

Vitamina 130

Yo determino mi Éxito

«La sociedad puede predecir mi destino, pero sólo yo podré determinarlo».

Marva Collins

Tú determinas siempre tu éxito —nadie más—, ¿No me crees?, pues vuelve a leer lo anterior una y otra vez hasta que lo entiendas, ¿no es suficiente?, pues una vez que se te graben estas palabras en tu mente repítelas de manera constante en tu día a día. Y si aún no lo crees, debo decirte que has hecho un buen trabajo, pero..., debes de seguir repitiéndolo hasta que lo creas con fuerza.

Tú eres el amo de tu destino y tú determinas lo que quieres para tu vida, cómo lo quieres, qué tienes que hacer para que suceda, y al final de este camino imagina cómo lo disfrutarás.

Tú determinas tu éxito, así que, si hoy no sabes cómo, te recomiendo pensar en las metas más próximas para los 5 años que vienen. Piensa en objetivos o sueños que impacten en todas las áreas de tu vida: personal, profesional, salud, financiera, emocional, espiritual, etc.

Y una vez que los determines claramente, y para que no se te olvide, escríbelo en un diario o en tu agenda, y cada que inicies un nuevo día ve a esa hoja y toma tus minutos de inspiración para leer lo que quieres en tu vida, y de ahí motivado y cargado de toda esa energía que se genera, da tu máximo esfuerzo en cualquier situación, y esta actividad repítela cada día de tu vida hasta que se convierta en un hábito.

Hoy y siempre, es un buen día para ocuparte de tu destino, determinando con claridad hacia dónde vas y por qué haces lo que estás haciendo en tu día a día; sé consciente de esto y tus resultados mejorarán.

Vitamina 131

Analiza tus Creencias

No sabemos si nuestras creencias son verdaderas o falsas. Lo que sí podemos averiguar, en cambio, es si nos sirven, si nos elevan, si enriquecen nuestra vida, si hacen de nosotros mejores personas, si nos ayudan y si ayudan a otros. En caso negativo, Hoy es un buen día para comenzar a quitar y hacer una limpieza mental de todas esas creencias aprendidas y que nos están limitando.

Sé que tienes trabajo, así que por qué no tomas una hoja de papel y una pluma, y empiezas a identificar todas las creencias positivas y negativas que hoy tienes en tu mente en relación al éxito. Sí, ¿qué es lo que crees en relación al éxito? No es broma, es muy en serio.

En mi experiencia muy personal, te cuento que yo no llegaba durante muchos años de mi vida a intentar o siquiera pensar en el éxito, debido a que todas mis creencias eran que: "El éxito era malo", "que una vez que eras exitoso y tenías todo el dinero del mundo te quedabas solo, y que tu familia te daba la espalda", "que el ser exitoso no era para todos, sino sólo para las personas que han nacido con dinero", y muchas más..., sin embargo, no me interesa contaminar tu mente con mis creencias del pasado, cada quien tiene las suyas; así que, ¿Por qué ahora no te ocupas de ti, y comienzas a identificar qué tienes en tu mente en relación al éxito?

Hoy y siempre, es el mejor momento para hacer esta exploración, ya que si no lo haces, siempre seguirás igual. Te garantizo y te lo firmo que el día que comienzas a cambiar tus creencias a través de darte la oportunidad de conocer a más personas, y preguntar que si lo que hay en tu mente es falso, te aseguro que habrás dado un gran paso.

Al cambiar tus creencias se incrementan las posibilidades de lograr cualquier cosa que tengas en la mente.

Hoy después de mucho trabajo con mis propias creencias, te comento que voy en el camino recto hacia lograr todos mis objetivos, y de todo corazón deseo encontrarte por este mismo camino...

Vitamina 132

Pasión

Todas las personas que han hecho algo en su vida, han descubierto que el impulso y el combustible para lograrlo se llama: PASIÓN.

La Pasión es algo que te da energía, te obsesiona, te impulsa a actuar, a progresar y a destacar. Es claro ver cuando una persona tiene pasión en su vida, en lo que está haciendo esto se nota. Bueno, pues te tengo noticias: Así como nosotros podemos percibir y sentir la pasión de otras personas, así también, otras personas sienten y perciben la pasión que tú estás mostrando en este momento de tu vida.

La Pasión para mí es como un aditivo que corre por la sangre de toda persona exitosa. Una persona que tiene pasión disfruta y da siempre su máximo esfuerzo, su mejor esfuerzo, pues la pasión late en lo más profundo de su Ser.

¿Qué te apasiona hacer?, es una muy buena pregunta para seguir en tu camino al éxito, si trabajas y enfocas toda tu acción en lo que te apasiona, llegarás a ese éxito que tanto deseas.

No se alcanza la grandeza sin una pasión por ser y hacer algo diferente, algo grande. No importa si las aspiraciones son de un atleta, un padre de familia, un trabajador, un niño, las de un hombre de negocios, etc. Para lograr cualquier sueño u objetivo deberás conectarte con esa pasión interna que, como una locomotora, te llevará a donde quieras.

Hoy y siempre, es un buen día para retomar lo que te apasiona, y esas acciones invitarlas a tu vida, para que cada día sea un día: ¡Grande y lleno de entusiasmo!

Vitamina 133

Cambio

De acuerdo a algunos autores de la Psicología del Éxito existen 4 piedras angulares para asegurar un cambio duradero en nuestra vida, que nos permitirán desarrollar hábitos duraderos y saludables.

Piedra angular uno: Nadie más te puede cambiar, es decir primero tenemos que reconocer la necesidad de un cambio, dejar de negar tu parte en el problema y aceptar la responsabilidad para cambiar, también debes de entender que no puedes cambiar a os demás, seguro que puedes servir de inspiración para que otros cambien, pero en última instancia ellos también son responsables de tomar el control de su vida y cambiar.

Piedra angular dos: Los Hábitos no se pierden, sino que se sustituyen por el paso del tiempo por nuevos hábitos, una vez que adquieres nuevos comportamientos y has aprendido que los anteriores no estaban siendo de utilidad para tu vida y para cambiar. Después de lo anterior es importante que seas paciente pues adquirir nuevos hábitos no es cosa rápida, requerirás de la repetición y disciplina para lograrlo.

Piedra angular tres: La práctica hace al hábito, una rutina diaria, se convertirá en algo automático como manejar o cepillarte los dientes. La práctica de los comportamientos negativos no te llevará a ningún lado y si te hundirá cada vez más, la práctica de los comportamientos positivos generará en ti un estilo de vida de una persona exitosa.

Piedra angular cuatro: Una vez que cambies el hábito negativo permanece alejado del ambiente negativo o destructivo que te llevo a adquirir este nuevo hábito. Si quieres seguir siendo optimista y triunfador tienes que convivir en ambientes positivos y que se relacionen con tu éxito.

Hoy y siempre, es un gran día para decidirte a cambiar y tomar en cuenta lo anterior para lograr ese cambio que has estado esperando por tanto tiempo, ¡Si puedes y lo harás!, sólo se paciente y no desistas.

Vitamina 134

Toma el control de tu Vida

Tú eres el papel estelar en tu vida, no dejes que otros tomen el control de tu escenario, ¡Eres grande y tienes un gran potencial dormido que ya quiere despertar!

Hoy te invito a reflexionar y pensar: ¿Qué es lo que estás haciendo en tu vida para sentirte mejor, más feliz, con más éxito?, ¿Realmente te sientes una persona grande y con un gran potencial que te llevará a lograr cualquier cosa que te propongas? ¿Te sientes una persona que tiene el control de su vida?

Si al leer las preguntas anteriores te generaron ansiedad (porque ya conoces las respuestas), y éstas no son positivas, no te preocupes, ocúpate en identificar todas esas cosas que hoy no te están dando el control de tu vida, ocúpate en detectar cuáles están siendo los obstáculos para sentirte feliz y con más éxito, ocúpate de invertir tu tiempo en leer e inspirarte de los grandes personajes de la Historia, y aprende cómo ellos tomaron el control de su vida y decidieron ponerse a trabajar.

Hoy y siempre, es un buen día para ocuparte de ti y retomar el papel principal en el escenario de tu vida, ¡Eres grande, ¿No me crees?, pues entonces identifica qué es lo que tienes en tu mente para no creerlo, pues algo en medio de tus dos orejas te está haciendo ruido y saboteando, ya que si otros han logrado el éxito... ¡Tú también lo harás!

Vitamina 135

¡Felicidades!

¡Felicidades! porque HOY y siempre ¡Lo has hecho! y has logrado grandes cosas. Cualquier meta y objetivo que te propongas es posible, y sucederá si pones tu entusiasmo, tu pasión, tu enfoque, tu mente y tu corazón en ello.

Atrévete a seguir intentándolo una y otra vez; pues ya otras veces lo has hecho, y si ya pasó seguro podrá seguir pasando de nuevo.

Si hoy no alcanzas a emocionarte, y ver tu vida de tu otra manera, te recomiendo conectarte con tu interior y mirar hacia adentro, toma una hoja y escribe en el papel todos los logros pequeños, medianos, grandes o enormes que hasta el día de hoy has logrado en tu vida... Al tenerlos frente a ti, léelos en voz alta, con atención, y siente cómo surge esa felicidad por todo lo alcanzado. Esto no es shampoo de cariño, es comenzar a reconocer que si otras veces ya has logrado algo, también ahora es un buen momento para trabajar por esos sueños que hoy tienes en tu mente.

Hoy y siempre, es un gran día para sentir felicidad por todo lo que has logrado.

¡Enhorabuena!

Vitamina 136

Entusiasmo

Ralph Waldo Emerson dijo una vez: «No se puede alcanzar la grandeza sin entusiasmo».

Para triunfar y avanzar en nuestra vida requeriremos de grandes dosis de entusiasmo, el entusiasmo es como la gasolina en un coche, sin gasolina no se puede llegar al destino final. Así de simple también es el entusiasmo para la vida, requerimos de grandes dosis para llegar a nuestro objetivo y sueños, con entusiasmo la vida, tu vida se hace más divertida.

El reto Hoy y siempre es: Encontrar esos sueños que nos entusiasman para que podamos poner toda nuestra concentración y enfoque.

Cuando hacemos algo que no nos entusiasma nos cansamos, y rápidamente queremos salir de ese espacio, ¡No lo pienses más! ¿Qué es lo que te entusiasma hacer? Y asegúrate de incluir este tipo de actividades o acciones en el camino a lograr tus sueños.

Vitamina 137

Tú puedes hacer la Diferencia

Sí tú lo decides podrás hacer algo positivo que marque la diferencia, quitar un poco de mediocridad es necesario para llegar a la excelencia. De verdad que es sólo ACCIÓN y tomar la decisión para estar mejor.

Como lo he comentado, muchas veces la excelencia es el camino que te conducirá directo al éxito, ya que pocas personas somos las que estamos comprometidas con la excelencia.

La excelencia implica hacer cada vez las cosas lo mejor posible, implica dar tu máximo esfuerzo siempre, implica estar presente y atento para mejorar las circunstancias que rodean tu vida, implica acción y mucho trabajo.

Cuando a mí me han preguntado qué se necesita para que mi país "México" salga adelante, mi respuesta siempre es la misma: "Se necesita que cada persona se comprometa con la excelencia y que comience hacer la diferencia, no lo que hace todo mundo, sino lo extraordinario en cada área de su vida".

Hoy y siempre, es importante dar ese primer paso de tomar la decisión para aportar tu excelencia en todo lo que haces.

Vitamina 138

Tú tienes la Elección...

En la vida tenemos el poder y la decisión de escoger nuestra Actitud Mental, y sólo hay dos caminos: La Actitud Mental Positiva o La Actitud Mental Negativa.

Los beneficios y ganancias entre una actitud y la otra son abismales, es por esto que en este espacio nos enfocaremos a la Actitud Mental Positiva.

La Actitud Mental posee dos poderes sorprendentes: Tiene la facultad de atraer la riqueza, el éxito, la felicidad y la salud; y también tiene la facultad de repeler estas cosas, privando de todo aquello que hace que la vida merezca ser vivida.

La Actitud Mental Positiva es la que hace que algunos hombres se eleven a la cumbre y permanezcan allí.

Vitamina 139

Decisiones

Toma decisiones a menudo, cuantas más decisiones tomes, a menudo te será más fácil tomarlas. Los músculos se fortalecen con el uso y lo mismo sucede con los "músculos de la toma de decisiones".

Hoy es un buen día para ACTIVAR tu potencial tomando algunas decisiones que has estado postergando, entonces: ¿Cuál es la decisión más importante para HOY?

Como seres humanos muchas veces no queremos tomar decisiones por miedo a equivocarnos, sin embargo, debo decirte una gran verdad: "Cada decisión que tomes en tu vida nunca será buena o mala, sino simplemente la mejor decisión que pudiste tomar en ese momento.

Por lo tanto, te invito a: No temer más a las decisiones que tienes que tomar en tu vida, atrévete y disfruta el tener ese poder y control de tu vida, ya que al no tomar decisiones déjame decirte que —también es una decisión—, entonces es sencillo: Sí sabes tomar decisiones, sólo que ahora todas las decisiones que hagas, tómalas para que te ayuden a mejorar tus resultados.

Vitamina 140

No tienes que tenerlo todo para triunfar...

No tienes que tenerlo todo para comenzar tu camino al éxito. La Historia está llena de personas que han comenzado de la nada, y ahora son exitosos y millonarios... deja de atormentarte por tu situación o por lo que hoy no tienes en tu vida.

Te daré un ejemplo que espero sea Inspiración para ti.

Oprah Winfrey, presentadora de televisión norteamericana, es un verdadero mito para muchos estadounidenses. Esta mujer, cuya vida de niña no fue nada fácil, tiene el gran mérito de haber sabido sobreponerse a sus problemas, y convertirse con el tiempo en la gran y poderosa comunicadora que es desde hace años.

Su abuela la cuidó hasta que cumplió los 6 años, cuando fue a vivir con su madre. En ese momento se inició una de las peores épocas de su vida. Sufrió abusos físicos y psíquicos que convirtieron su día a día en un completo caos. Su situación era tan mala que a los trece años decidió escaparse de casa.

Oprah supo superar su infancia traumática. A los 19 años empezó a coquetear con el mundo de la comunicación, trabajando como reportera en una estación de radio de Nashville, y posteriormente entró a la Universidad de Tennessee. Su primera aventura en la pequeña pantalla se prolongó por ocho años, en buena parte gracias a su especial habilidad ante la cámara.

Al cumplir los 30 años, la carrera profesional de Oprah Winfrey da otro paso adelante: La WSL-TV de Chicago la contrata para presentar su propio programa matutino, el "A.M. Chicago"...

Y hasta aquí dejaré su historia, ya que Hoy y siempre, tú puedes dedicar un espacio de tu día para aprender de personas que (a pesar de las dificultades), han hecho de su vida una gran historia.

Vitamina 141

Todos somos importantes

Cada persona tiene en la frente un letrero imaginario que dice: "Necesito sentirme importante". Basta de ignorarlo y de tratar a las personas como si no nos importara ser amables o cordiales. Está demostrado que las personas conseguimos más de los otros cuando somos amables, y nos interesamos sinceramente por cada persona que nos rodea.

Cada persona con la que nos relacionamos, independientemente de su situación, es una persona que las circunstancias y experiencias de su vida la han hecho ser de esa manera.

Te invito a: Dejar de "juzgar y hablar" de estas personas, más bien, regálales un gran día al ser amable y cordial con ellas.

Lincoln decía que después de muchos errores en su vida, él aprendió a ser compasivo con cada persona que cometía un error, pues siempre lo que se ponía en su mente al momento de una situación negativa, eran las siguientes palabras: «Si yo fuera él, en esas mismas circunstancias, probablemente hubiera hecho lo mismo».

Hoy y siempre, es un buen día para hacer sentir importante a cada persona con la que nos topemos en el día.

Vitamina 142

Tiempo, tu activo más valioso

«El tiempo es una sucesión de sucesos que suceden sucesivamente...». La decisión que hayas tomado en cualquier área de tu vida ¡SUCEDERÁ!, así que haz que ¡SUCEDA!, pues el tiempo sigue corriendo: No se detiene.

El tiempo es tu activo más valioso y el enfoque y cuidado que tengas de él determinará tus resultados, de nuevo la pregunta: ¿Qué es lo que estás haciendo cada día para administrar y cuidar tu tiempo? Si hoy no lo sabes, por favor, sal a una papelería o a Office Depot y cómprate una agenda, ya que el tener una agenda hará que seas más consciente de tu tiempo, y día a día sabrás en qué estás gastando o invirtiendo tu tiempo.

Si quieres tener éxito en la vida, no te confíes más a tu mente, (sé que te he estado diciendo que tu mente es muy poderosa); sin embargo, si hoy no tienes el hábito de cuidar y administrar tu tiempo, ayúdale un poco al poner en papel todas las actividades que tienes programadas para tu día. No te confíes a tu mente, pues si no pones las cosas en papel la posibilidad de que sucedan disminuye.

Si hoy no tienes trabajo o no ves la necesidad de tener una agenda, no importa, tú cómpratela y en cada hora del día que va a iniciar, escribe lo que harás y si esto lo haces cada día, —ya lo sabes—, generarás un nuevo hábito que te lleve al éxito.

Vitamina 143

Rodéate de personas Exitosas

Permite que otras personas aporten y te apoyen a lograr tus sueños, eres un ser social que requieres del apoyo de más personas para lograr tu éxito, créeme que no lograrás el éxito solo.

Al rodearnos de personas exitosas y compartir nuestra vida con ellos, se genera una alianza que Napoleón Hill, llamaba: «La Mente Maestra». Por ejemplo: Henry Ford, Edison y Firestone, eran amigos y juntos se impulsaron y se dieron ideas para lograr sus objetivos individuales.

El reto hoy y siempre es: Poder compartir con amigos y familia reuniones de crecimiento, de transmitir cosas positivas para seguir adelante. ¡Basta de reuniones para destruir, para chismear y dañar a otros!, sé que esto es un gran reto, pues la mayoría de las veces nuestras pláticas se enfocan en temas negativos, de crítica o de crisis. Sin embargo, ahí está el reto, con esto no digo que seas grosero, y te pares de la mesa, sino más bien, te invito a no seguir con esta rutina, simplemente: Guarda silencio y observa, y cuando sea tu turno de hablar aporta algo positivo y que construya.

Vitamina 144

Tú tienes el Poder y la Decisión

En la vida tenemos el poder y la decisión de escoger nuestra Actitud Mental y sólo hay dos caminos: la Actitud Mental Positiva o la Actitud Mental Negativa. Los beneficios y ganancias entre una actitud y otra son abismales.

En el trabajo: La Actitud Mental Positiva es clave para mejorar nuestros resultados, relacionarnos mejor con todas las personas que nos rodean y, por lo tanto, ser personas agradables y entusiastas que forman parte de la diferencia.

La diferencia de la "diferencia" está en la Actitud Mental Positiva, recuerda que todo lo que pensamos atrae lo similar, así que: ¡No lo dudes más!

Hoy es un buen día para ser más conscientes de nuestra Actitud Mental Positiva.

Vitamina 145

Grandeza

«Nunca se conseguirá nada grande sin hombres grandes, y los hombres sólo serán grandes si están decididos a hacerlo».

Charles de Gaulle

Decídete a explotar toda la grandeza y potencial que tienes de dentro de ti, te lo vuelvo a decir y no me cansaré de hacerlo, (independientemente de los resultados o adversidades que hayas tenido en tu vida hasta este momento), dentro de ti hay potencial y mucha riqueza que está esperando a ser utilizada por la persona más rica que la posee, o sea: Tú.

Decídete a ser la persona más importante en tu vida y comprométete a trabajar cada día con todo el entusiasmo y grandeza que tienes dentro de ti. Si hoy lo dudas, es válido, pero no te quedes creyendo y asegurando que: "Tú no sirves o no vales la pena para ser exitoso", pues si sigues teniendo estas ideas sobre ti, tus resultados nunca mejorarán, y si hoy sientes frustración o agotamiento por todos los intentos... conforme pasen los años te sentirás peor.

Sé que la verdad duele, y mi intención no es que cierres este libro y lo sientas como una ofensa; te estoy hablando con todo respeto y verdad.

Así que Hoy y siempre, es un buen día para repetirte: "Soy una persona que tiene un enorme potencial, dentro de mí hay grandeza y muchas herramientas para ayudarme a triunfar".

Sé que el que creas esto en lo más profundo de tu Ser llevará tiempo, sin embargo, ¿No crees que vale la pena comenzar ahora a trabajar por nosotros mismos?

Vitamina 146

Máximo Esfuerzo

ASEGÚRATE DE SIEMPRE DAR TU MEJOR ESFUERZO en todo, en cada día de tu vida, en tu trabajo, con tu familia, con tus amigos, contigo mismo, ya que si siempre das tu máximo esfuerzo te mantendrás DESPIERTO y llegarás a tus sueños.

Máximo esfuerzo implica dar tu máximo esfuerzo en cualquier situación o área de tu vida, no sólo en el trabajo, sino en todas las actividades y roles que tienes en tu vida.

El máximo esfuerzo es una de las Vitaminas más poderosas para llegar al éxito. Hoy la personas que han conseguido el éxito, ha sido gracias a su máximo esfuerzo, ¿no te queda claro cómo aplica?, no te preocupes, a continuación me ocuparé de darte algunos claros ejemplos de cómo es la vida de una persona que vive siempre con su máximo esfuerzo.

Una persona exitosa y que se ha comprometido con su máximo esfuerzo, cada día empieza antes que todos: Se levanta muy temprano, se compromete con una preparación continua de leer mucho, y de aprender de todos y de todas las situaciones que se presentan en su vida.

En su trabajo da su máximo esfuerzo siempre, hace más de por aquello que le pagan. Muchas veces es la última persona que sale de la oficina, es congruente, y lleva el máximo esfuerzo a otras áreas de su vida; siempre cada día vive y es consciente de lo que el máximo esfuerzo impactará en sus resultados, y conoce claramente la recompensa que le espera.

En otras palabras el máximo esfuerzo: "Es dejar de hacer lo cotidiano, lo que hace todo mundo, y comenzar a hacer lo extraordinario en cualquier situación".

Hoy y siempre, es un gran día para dejar de hacer lo cotidiano y comprometernos a hacer lo extraordinario en las diferentes áreas que rodean nuestra vida.

Vitamina 147

Entusiasmo y Pasión

Entusiasmo y pasión son los aliados claves en mi vida, para disfrutar y amar lo que hacemos al 100%, de verdad que le agradezco a la vida el trabajo y las personas que están cerca de mí.

La antesala de la pasión es el entusiasmo, van muy de la mano, ya que cuando trabajas o vives apasionado de tu profesión y de lo que haces, sin duda, experimentas entusiasmo y éste es el que te permite pasar horas haciendo esa actividad que te domina.

Si tú observas a personas que son altamente exitosas, te darás cuenta de que su vida y sus actividades están rodeadas de entusiasmo.

El entusiasmo es la exaltación del ánimo que se produce por algo que cautiva o que es admirado. El término procede del Latín Tardío *enthusiasmus*, aunque su origen más remoto se encuentra en la lengua griega.

Para los griegos, entusiasmo significaba: "Tener un Dios dentro de sí". La persona entusiasmada, por lo tanto, era aquella guiada por la fuerza y la sabiduría de un Dios capaz de hacer que ocurrieran cosas.

Tú tienes ese Dios dentro de ti, que al conectar con Él y sentir esa fuerza, sin duda, te guiará a lograr tus más altos objetivos.

Vitamina 148

Experiencia

«La experiencia no es lo que le sucede a un hombre, sino lo que ese hombre hace con lo que le sucede».

Aldous Huxley

Para triunfar en la vida todas las personas requerimos de aprender de todos y de cada situación, y con el tiempo habremos alcanzado una gran experiencia en algunas áreas de nuestra vida.

También adquirimos mucha experiencia a través de los errores o resultados negativos que se presentan en nuestra vida, y a este punto es al que hace referencia la frase inicial, ya que tú también a esos resultados negativos o "fracasos"— como le llaman le mayoría de las personas—, les puedes llamar: "experiencia", porque todo lo que nos ha sucedido hasta este momento, es parte de la gran experiencia que tenemos.

Hoy y siempre, es un gran día para tomar esos resultados negativos como una gran experiencia de vida y seguir hacia delante.

Vitamina 149

Explota tus capacidades

«No desgastes tu vida demostrando lo que eres capaz de hacer, simplemente vive tu vida haciendo todo lo que eres capaz de hacer».

Ana María Godínez

El día que yo (Ana), me decidí a dejar de demostrarles a otros de todo lo que sabía o era capaz, ese día fue en el que comencé a explotar al máximo todas mis capacidades, pues me ocupé de mí y no de andar complaciendo a otros.

Esto es muy sencillo, en el pasado cuando yo vivía enfocada en demostrar mis capacidades, metafóricamente la mitad de mi cerebro estaba ocupado en complacer o en demostrarles a otros que yo era capaz, por lo tanto, y lógicamente yo misma estaba mermando mi potencial al ocupar el 50% de toda mi capacidad en demostrar a otros, el día que me decidí fue como una liberación pues el 100% de todo mi potencial y capacidades resurgió y, sin duda, me permitió dar resultados sorprendentes.

Así que Hoy y siempre, es un buen día para ocupar el 100% de tu potencial en trabajar y dar siempre lo mejor que puedas, y con el tiempo te sorprenderás de que las mismas personas a las que les querías demostrar algo, notarán por sí solas todo tu potencial y tu grandeza.

Vitamina 150

Retroalimentación

El alimento de los campeones y de los grandes líderes es la RETROALIMENTACIÓN, no dejes de ESCUCHAR y de actuar, pues cada día es una gran OPORTUNIDAD para MEJORAR y CRECER.

La retroalimentación le dará a tu mente apertura para tener la claridad de escuchar a otros, y una vez que tengas toda esta retroalimentación, emprender la acción para mejorar.

Por ahí dicen que: "Alguien que está dentro del mismo sistema no puede identificar las áreas de mejora, (ya que ha pasado bastante tiempo en él), y hoy ya no las alcanza a ver". Entonces, si tú quieres ver lo que otros están viendo como áreas de oportunidad, ábrete a la retroalimentación honesta y constructiva que te permita cambiar y mejorar tus resultados; no va a pasar nada por escuchar, sin embargo, si va a pasar y mucho, si tomas acción y comienzas a trabajar en esas áreas de tu vida que hoy requieres mejorar.

Hoy y siempre, es un buen día para tomar en cuenta las retroalimentaciones y avanzar...

Vitamina 151

Sorpréndete...

La verdadera clave de la VIDA consiste en sentirse bien cuando uno no se siente así, o cuando ni siquiera se desea sentirse bien.

Existen muchos estudios científicos que aseguran que cambiando tu postura, arreglándote, brincando (no puedes brincar con el mismo gesto en tu cara, al brincar vas a sonreír), sonriendo, gritando, respirando, etc., se puede cambiar tu estado de ánimo, te reto a intentarlo y ve qué sucede... SORPRÉNDETE, estamos aquí para estar bien y ser FELICES.

¡Basta de quejarnos y de llenar nuestra mente con la actitud mental negativa!, la vida es maravillosa y si retomas ese poder de dejarte sorprender de todos y de cualquier situación, vivirás mejor y más feliz.

Una buena película para ver acerca de este tema es la de Bruce Willis: "Mi Encuentro Conmigo", si no la has visto o hace años que la viste, Hoy y siempre, es un buen día para dejarnos sorprender con una buena película que además, te dejará una gran reflexión.

Vitamina 152

Si alguien ya lo hizo: ¡Yo también!

«La mejor prueba de que algo puede hacerse es que alguien ya lo ha hecho».

Bertrand Russell

Todas las respuestas han sido encontradas, si haces cosas similares, obtendrás cosas similares, sigue intentándolo y ¡Haz que suceda!

Por lo que: ¡No se diga más!, vamos a trabajar y a seguir trabajando, y si hoy ya no tienes fuerzas o no sabes cómo, te invito a reunirte con personas que ya han hecho algo similar, tómate un café con ellos y pregúntales cómo lo hicieron; así de sencillo, por favor, toma acción y hazlo: ¡Te sorprenderás!

Hillary Clinton en una de sus biografías comenta que en los duros momentos que pasó en la Casa Blanca, sus principales aliadas para seguir adelante fueron Eleanor Roosevelt, (ella ya había muerto) sin embargo, dejó libros y muchos escritos en los que en esos momentos de duda Hillary se refugiaba, buscando en la experiencia de alguien que había pasado por algo similar, y también Hillary se hizo gran amiga de Jackie Kennedy a quien frecuentemente llamaba por teléfono o visitada en New York.

Así que: ¡No lo pienses más!, identifica qué personas han logrado algo similar a lo que tú deseas para tu vida, y toma acción visitándola o comprando sus libros o su biografía.

Vitamina 153

Aprendizaje = Resultados

Los ganadores nunca dejan de aprender, y entre más comparten y enseñan,... más aprenden. No dejes de aprender si quieres mejorar tus resultados.

El aprendizaje es el proceso a través del cual se adquieren nuevas habilidades, destrezas, conocimientos, conductas o valores como resultado del estudio, la experiencia, la instrucción, el razonamiento y la observación.

Si queremos mejorar nuestros resultados y alcanzar nuestros objetivos, debemos de comprometernos con la adquisición de nuevas habilidades, destrezas, conocimientos, etc., créeme que no hay otra manera para mejorar nuestra vida y resultados.

Hoy y siempre, es un buen día para decidirte y comenzar a aprender de todos y de cualquier situación que se presente en tu vida. Así como también, el leer un nuevo libro, estudiar un seminario en DVD, consultar algunas biografías o lo que necesites, que te lleven aprender cada semana, ya que serán uno de los propulsores más importantes para tu aprendizaje y crecimiento.

Vitamina 154

Piensa en Grande

«Siempre nos convertimos en aquello que pensamos». HOY y siempre, te recomiendo pensar en grande, no te limites si quieres ser el mejor profesional o en tu vida personal ¡Sí puedes!, sólo tienes que pensar que eres grande y tienes todas las oportunidades para serlo.

No seas tú mismo tu propio obstáculo, para llegar a tus metas y tener éxito, uno de los factores determinantes es pensar en grande. Ya te he comentado que el esfuerzo mental es el mismo, y los beneficios de pensar en grande son enormes pues te dan desafío y reto constante, y te motiva a seguir adelante.

Tu mente es la fuente de todos tus pensamientos, y cada uno de estos pensamientos le dan forma a tu realidad. De manera que, es verdaderamente importante que trates de visualizarte alcanzando metas más ambiciosas, que te veas triunfando con expectativas más amplias, y no te conformes sólo a lo que ya sabes que puedes lograr.

No hagas caso si te critican por pensar en grande, que — todos los grandes hombres—, en cualquier actividad del quehacer humano, han sido duramente criticados en el proceso de concretar sus sueños. Sólo camina hacia adelante, déjate llevar por tus pensamientos más magníficos y, sobre todo, no tardes en empezar a darle forma a esas ideas que te llegan como por inspiración Divina.

El reto hoy y siempre es: Pensar en grande, así de simple y, vamos a continuar.

No fuiste creado para ser mediocre, sino que fuiste creado para alcanzar grandes alturas, de tal manera que lo único que falta es que lo creas tú.

Piensa en grande, visualízate en grande, actúa en grande, y la maravillosa química de tu mente se encargará del resto...

Vitamina 155

Metas

«Si tengo metas apropiadas, y sigo persiguiéndolas de la mejor manera que sé, todo se alineará. Si hago lo correcto, sé que voy a tener éxito».

Dan Dierdorf

Una meta es algo que se quiere lograr. Una meta a corto plazo es algo que tú quieres lograr pronto. Una meta a largo plazo es algo que tu quieres lograr en una fecha posterior.

Para fijarte metas apropiadas, deberás saber qué es importante lograr. Luego debes fijar metas específicas y claramente definidas. Si no tiene metas claramente definidas, tu esfuerzo podría carecer de dirección y de enfoque. Y no te olvides de anotar tus metas para llevar un registro de ellas.

Las Tres W de las Metas:

Cada meta que te fijes deberá decir WHAT (qué) harás tú, y WHEN (cuándo) lo llevarás a cabo. Implícita en cada meta está su WILL (determinación) para llevarla a cabo.

Vitamina 156

Constancia

«El éxito no se logra sólo con cualidades especiales. Es sobre todo un trabajo de constancia, método y organización».

René Sergent

La constancia es la virtud que nos conduce a llevar a cabo lo necesario para alcanzar las metas que nos hemos propuesto, pese a dificultades externas o internas, o a la disminución de la motivación personal por el tiempo transcurrido. La constancia sustenta el trabajo en una fuerza de voluntad sólida y en un esfuerzo continuado para llegar a la meta propuesta venciendo las dificultades e incluso venciéndonos a nosotros mismos.

¿Por qué me interesa fomentar la constancia?

- Porque la constancia es necesaria para lograr cualquier meta o hábito positivo.
- Porque cualquier logro en la vida implica un esfuerzo sostenido que debe sustentarse en la fortaleza.
- Porque el esfuerzo sostenido fortalece la voluntad, elemento indispensable en la vida de todo hombre o mujer.
- Porque la constancia se convierte en motivación para seguir adelante.
- Porque la constancia nos hace lograr las metas propuestas y por consiguiente, nos induce a

sentirnos satisfechos. El resultado será tener la convicción de poder cumplir a pesar de las dificultades.

* Porque la constancia es un apoyo en la formación de la responsabilidad, que es saber responder a una misión a pesar de las dificultades o el tiempo.
* Porque sólo quien persevera llega a la meta.

Hoy y siempre, será un gran día para trabajar con constancia en cada una de nuestras metas o sueños.

Vitamina 157

Claridad en tus metas

«La claridad de tus metas determina si subes o bajas». Las metas son el principal motor de la persona para sentirse plena y feliz, si tienes claridad en tus metas, te garantizo que éstas llegarán a hacerse realidad muy pronto. Si hoy no tienes esa claridad, no te preocupes, mejor OCÚPATE y clarifica tus metas.

A continuación, te comparto los 6 pasos básicos que te ayudarán a concretar y tener claridad en tus metas:

* Tu meta debe ser realista. Por ejemplo, no es realista poner una meta como perder 50 Kg en dos días, pero es realista perder 1 Kg a la semana por 3 meses.
* Escribe tus metas y anota todos los detalles. De esta forma puedes siempre comparar los resultados.
* Las metas tienen que ser definidas y si es posible cuantitativas. No digas voy a perder peso. Define

cuántos kilos vas a perder. Las metas no deben de dejar espacio para confusiones.

- Especifica el plan para alcanzar la meta paso a paso. Cada meta tiene que ser definida en espacios de tiempo. Por ejemplo, no digas quiero bajar 13 kilos en seis meses. Anota cómo los vas a bajar, por ejemplo: medio kilo a la semana por 6 meses.
- Determina una fecha para revisar tu progreso. Por ejemplo, todos los domingos en la tarde o el día 15 de cada mes. Si no controlas tu progreso, corres el riesgo de estancarte o abandonar la meta.
- Sé responsable de tus metas.

Hoy y siempre, es un buen día para poner acción y determinar con claridad tus metas. Te recomiendo empezar por una sola, y una vez que hayas practicado y te sorprendas que esto tan básico y simple funciona, date la oportunidad de clarificar tus siguientes metas de la misma manera.

Vitamina 158

Prioriza

Para utilizar efectivamente tu tiempo, te recomiendo empezar el día con una lista de todas las actividades a realizar, después PRIORIZA cada actividad, marca con una A las acciones que deberás realizar ese día y que tendrán consecuencias graves si no lo haces así, B para las tareas menos importantes que sería bueno hacerlas, C las acciones que no tienen consecuencias y con una D las acciones que delegarás.

Diez minutos ocupados en tu planeación y priorización diaria te darán 1 hora más al día, ¿No me crees? Sigue las instrucciones anteriores, y ¡Sorpréndete de todo lo que harás!

Benjamín Franklin, llegó a ser parte de la Historia, y a lograr todo lo que hizo en sus más de 80 años de vida, gracias a priorizar y determinar en dónde estaba el uso más valioso de su tiempo.

Hoy y siempre, es un gran día para hacer un plan priorizado, y aprovechar cada día de tu vida lo mejor posible.

Vitamina 159

Elige tu Actitud

Un líder es responsable de "ELEGIR SU ACTITUD", que quiere decir: Aceptar total responsabilidad de todas nuestras elecciones. Esto incluye tu actitud en el trabajo. Una actitud positiva es una decisión que nosotros tomamos momento a momento.

¡No le des más vuelta al asunto!, el camino más sencillo y corto para el éxito es: Elegir la Actitud Mental Positiva, ante todas las situaciones que se presentarán en tu vida.

Y el reto es: Conservar esta Actitud Mental Positiva. Sé que me dirás: "Ana, eso es muy difícil", y mi respuesta siempre será la misma: "Si crees que es difícil, te garantizo que así será". Entiendo que a muchas personas les llevará tiempo ser conscientes de elegir la actitud correcta en todas las situaciones, sin embargo, ese es el desafío: Tener presente cada día de nuestra vida que el único poder en el cual tenemos 100% el control, es en nuestros pensamientos, y si —controlas tus pensamientos—, automáticamente elegirás vivir con la Actitud Mental Positiva.

Vitamina 160

Concentración

Si quieres lograr cualquier cosa que tú quieras para tu vida, requerirás de CONCENTRACIÓN, y ésta implica DETERMINACIÓN, DISCIPLINA, PENSAMIENTO POSITIVO, ACCIÓN y sin duda cualquier verbo, palabra o característica que implique y te asegure que estás haciendo algo para el logro de tus sueños.

Todas estas características aparecerán en tu vida al momento que, desde lo más profundo de ti, te decidas a ir por esos sueños o metas. Sé que muchas de estas características ya las tienes, ahora lo que falta es poder identificar cuáles requieren ser fortalecidas para que en su conjunto te apoyen a lograr tus metas.

La buena noticia es: Que todas estas cualidades las puedes aprender a través de la práctica diaria y de tu voluntad. Concentrarte será sencillo si te entusiasma y apasiona lo que estás haciendo, y sabes que de una manera u otra te acercará a tus sueños. Si eres consciente de tus pensamientos comprenderás que tú tienes el poder y la elección de conservar un pensamiento positivo. A través de la determinación y la disciplina tendrás la Acción continua que te permita seguir adelante.

Hoy y siempre, es un buen día para comenzar el camino que te permitirá lograr cualquier cosa que te propongas.

Vitamina 161

Voluntad

AUTODISCIPLINA nace de la VOLUNTAD, no se puede adquirir con sólo pedirla, más bien, es el resultado del desarrollo de nuevos hábitos.

Te comparto algunas verdades de la Voluntad:

- La voluntad necesita un aprendizaje que se consigue con la repetición de actos en donde cae y vuelve a empezar. Hay que adquirir hábitos positivos mediante la repetición de conductas positivas.
- Para tener voluntad hay que empezar por vencer las inclinaciones, como: "Tengo o no tengo ganas", "me gusta o no me gusta, etc." La voluntad lleva hacia la realización exitosa del proyecto personal.
- Un aprendizaje se adquiere con más facilidad a medida que la motivación es mayor. El que no sabe lo que quiere, difícilmente tendrá la voluntad necesaria para alcanzar la meta.
- Pensamientos claros permiten tener objetivos precisos, renunciando a todo lo que distraiga y aparte de lo deseado.
- La educación de la voluntad requiere esfuerzo, especialmente en sus comienzos. Lo importante es dar pasos cortos y no en grandes saltos. Pequeños

avances, los más fáciles de realizar, a medida que se vislumbra el fin buscado.

Vitamina 162

Elimina tus Miedos

Nuestro Temor Más Profundo.

[...]Nuestro miedo más profundo no es que seamos inadecuados, [...] sino que somos poderosos sin medida, es nuestra luz, no nuestra oscuridad la que nos asusta. [...]

Nos preguntamos: "¿Quién soy yo para ser brillante, hermoso, exitoso, talentoso, fabuloso"? Pero en realidad, ¿Quién eres para no serlo? [...]

Tu pequeñez no le sirve al mundo, eres grande y como tal debes de creerlo y hacer realidad todos tus objetivos. [...]

Poema de Marianne Williamson. Un Regreso al Amor.

Vitamina 163

Cuida tu estado Mental

Todas las riquezas, sin importar su naturaleza empiezan con un estado mental, y el estado mental que elegimos para cada día de nuestra vida, sólo depende de nosotros; y nunca olvides que el estado mental es la única cosa sobre la que podemos tener un control absoluto.

Como cuidamos nuestra Salud Emocional y Física, también debemos de cuidar nuestra Salud Mental, y esto implica ser los guardianes principales de la información que dejamos entrar a nuestra mente. Si todo el tiempo estás inmerso en la noticias, en pláticas negativas, rodeado de crisis y de inseguridad, debo decirte que no estás cuidando del todo tu estado mental, lo has descuidado y dejado en las manos de los medios de comunicación, conocidos también por el "Cuarto Poder", ya que ellos tienen el claro objetivo de mentalizarnos en la negatividad y todos los problemas, de eso ganan, y ¿Sabes quiénes se han convertido en su principal negocio?: Muchos seres humanos que no han tenido el cuidado de tomar la decisión de elegir lo que es bueno o saludable para su mente.

¡Basta de dejarte contaminar de los medios, y de personas que te rodean y que no te están influenciando de manera positiva!

Tú puedes mejorar tu estado mental, y así —tu actitud—, una vez que decidas de manera consciente qué información, reuniones o pláticas te serán útiles para tu crecimiento.

Vitamina 164

Piensa Positivo

Hoy es un muy buen día para pensar positivo y comenzar a reconocer el gran potencial que está dentro de cada uno de nosotros. Si no empezamos a reconocerlo por nosotros mismos, te garantizo que nadie lo hará. Así que más vale empezar a tiempo para eliminar toda la frustración y cosas negativas de la vida.

¡No se diga más!, analiza: ¿Cuáles han sido tus pensamientos recurrentes durante esta semana? Si han sido negativos, te recomiendo explorar el por qué, y poner acción de inmediato para eliminarlos de tu mente y de tu vida.

Hoy y siempre, es un gran día para ser conscientes de nuestros pensamientos y trabajar sin descanso hasta sacar de nuestra mente esos pensamientos negativos que... no llevarán a ningún lado.

Al tener más pensamientos positivos en tu vida te sorprenderás de cómo mejorarán tus resultados, tu salud, tu vida, tus relaciones personales y profesionales.

La decisión está en ti, te invito a: Comenzar "Hoy".

Vitamina 165

Nosotros somos los que cambiamos...

«Nada cambia por sí solo, somos nosotros los que cambiamos». Cada uno de nosotros creamos nuestra REALIDAD, si queremos cambiar y DESPERTAR a todas las oportunidades que tenemos, debemos de cambiar nuestros paradigmas y creencias para obtener resultados diferentes, y entonces sí, las cosas cambiarán...

Nuestras creencias o paradigmas son patrones o modelos de pensamientos que nos limitan y no nos permiten avanzar, de una vez por todas debemos de entender que si queremos cambiar nuestros resultados y por lo tanto, ser más exitosos, el cambio empieza en cada uno de nosotros.

Primero debemos de evolucionar en paradigmas diferentes que te saquen de la zona de confort y darte la oportunidad de sorprenderte de los resultados.

¡Basta de tener las altas expectativas de que otros cambien! Hoy y siempre, es un gran día para iniciar con la decisión correcta, y ésta es y será siempre: "Comenzar a cambiar tú".

Vitamina 166

Acción

«Si dices que PUEDES: ¡puedes!, si dices que no puedes, no podrás». Eres un ser humano con un enorme potencial que estás aquí para VIVIR plenamente y hacer REALIDAD todo lo que tienes en mente. Para poder y darte cuenta de este gran PODER tienes que empezar a ACTUAR. Sin acción no pasará nada, con ACCIÓN te sorprenderás.

No tengo más que decir: "A-C-C-I-Ó-N".

Vitamina 167

Elimina la Complejidad

«La complejidad es el mejor pretexto para no hacer nada y la simplicidad el mejor aliado para que las cosas sucedan».

Ana María Godínez

En mi experiencia personal, me he dado cuenta de que entre más conocimiento tienen las personas y las organizaciones, muchas veces los cambios suceden muy lentamente, ya que son sólo pocas personas las que los comprenden al 100%. Con esto no quiero que me mal entiendas de que el conocimiento es malo, ¡para nada!, sino más bien, que cuando hay demasiada información o datos esto confunde a las personas, y luego por eso no suceden los resultados que se esperan.

A nivel personal, (como alguien que desea ser exitosa), mi mayor recomendación es: Que tu vida, tu comunicación, siempre las mantengas con simplicidad para que sucedan en un menor tiempo. No te permitas perderte en el análisis para tomar tus decisiones; si ya tienes lo necesario, atrévete a iniciar e ir hacia adelante.

Vitamina 168

Club de las 5:30 am

Si quieres dedicar más tiempo a tus proyectos personales o sueños, no hay mejor hora para ponerte a trabajar en ellos que cuando todos están dormidos, y esto es empezar tu día a las 5:30 am. ¡Sí!, leíste bien, sé que al principio da un poco de flojera y pocas ganas, sin embargo, una vez que lo decides y comienzas a las 5:30 am, te darás cuenta del gran valor del tiempo y de cómo avanzarás.

Si esto lo haces durante más de 21 días, tu reloj biológico se activará, y despertarás mucho antes con gran entusiasmo y energía para iniciar con todo el enfoque que requieres.

Durante años yo había sabido esto del Club de las 5:30 am, (lo leí al menos en más de ocho libros), pero fue en un libro de la biografía de Mary Kay cuando el mensaje llegó claramente para mí...

En su propia experiencia ella dice que lo que logró a los inicios de su carrera, y gracias a su dedicación, fue que tomó la decisión correcta de levantarse a las 5:30 am y comenzar a trabajar. Al día siguiente de volver a leer esto tomé acción, y de ahí hasta este día, soy la persona más feliz de levantarme a esta hora, me siento plena y exitosa, pues pertenezco a este pequeño grupo de personas que han decidido tomar el control de su vida y,... de su tiempo.

Así que Hoy y siempre, es un gran día para tomar la decisión, y ser parte de este exclusivo Club de madrugadores del éxito.

Vitamina 169

¡Sé que puedo y lo haré!

"¡Sé que puedo y lo haré!, creo en mí misma y en cada persona que está cerca de mí, ¡Sé que puedo y lo haré! Es la clave para realizar cualquier cosa que tenga en mente y alcanzar mis sueños y objetivos". Te regalo esta manera en la que pienso y que me ha facilitado mi vida, y te deseo el mejor de los éxitos.

Probablemente a este momento me dirás: "Ana, esta frase ya me la aprendí, y ya he leído también algunas Vitaminas para mi éxito sobre este punto", —y yo te digo—, que tienes toda la razón y así es, señal que has estado leyendo muy bien, ahora el siguiente paso será llevar la frase: "¡Sé que puedo y lo haré!" a cada acción y momento de tu vida. No te permitas decir: "¡No puedo!", ¡Basta! ¡Sí puedes, y es momento de iniciar!

Ya no desperdicies más tiempo de tu vida pensando de manera incorrecta. Hoy y siempre, es un buen momento para iniciar y desarrollar todo tu potencial, ¡Sé que lo harás! Y me dará mucho gusto el día que me escribas y me digas: "Ana, lo logré!", "¡Sí pude!", en espera de ese día te deseo el mejor de los éxitos...

Vitamina 170

Se vale fallar

«Es duro fallar, pero es peor nunca haber intentado ser exitoso».

Theodore Roosevelt

Gran inspiración para el día de hoy y para la vida. En la vida no hay fracasos sólo son APRENDIZAJES o derrotas temporales, así que vamos a seguir intentando una y otra vez hasta que SUCEDA.

Te comparto este claro discurso dado por un formidable luchador, Theodore Roosevelt (1858-1919), Vigésimo Sexto Presidente de Los Estados Unidos. Este discurso, de gran fuerza y pasión, lo pronunció en la Sorbonne de París en 1910:

El Hombre en la Arena

No es el crítico quien cuenta,
ni el que señala con el dedo

al hombre fuerte cuando tropieza
o el que indica en qué cuestiones
quien hace las cosas podría haberlas hecho mejor.

El mérito recae exclusivamente
en el hombre que se halla en la arena,
aquél cuyo rostro está manchado
de polvo, sudor y sangre,
el que lucha con valentía,
el que se equivoca
y falla el golpe una y otra vez,
porque no hay esfuerzo
sin error y sin limitaciones.

El que cuenta es el que de hecho lucha
por llevar a cabo las acciones,
el que conoce los grandes entusiasmos,
las grandes devociones,
el que agota sus fuerzas
en defensa de una causa noble,
el que, si tiene suerte,
saborea el triunfo de los grandes logros
y si no la tiene y falla,
fracasa al menos atreviéndose al mayor riesgo,
de modo que nunca ocupará el lugar reservado
a esas almas frías y tímidas
que ignoran tanto la victoria como la derrota.

Vitamina 171

Te conviertes en lo que piensas que eres...

«Te conviertes en lo que piensas que eres», ¡Cuidado con tus pensamientos!, pues estos generan emociones y estas emociones, generan ACCIONES o RESULTADOS. La invitación es: Hacernos más conscientes de las cosas que pensamos, pues te garantizo que estos determinarán el RESULTADO. ¡Eres grande! y tienes un potencial enorme para lograr cualquier cosa que te propongas y lleves a la ACCIÓN.

Si piensas que eres una persona triunfadora, exitosa, feliz, esa persona serás, aun cuando hoy no te veas de esa manera, todo comienza con los pensamientos, así que te invito a: Dejar de enfocar tu atención en todo lo que no te llevará a convertirte en la persona que has soñado ser.

Vitamina 172

Aprende de tus Errores

«El único hombre que no comete errores es aquél que nunca hace nada. No temas a los errores, pero nunca cometas el mismo error dos veces».

Roosevelt

Así de sencillo es tomar cada uno de los aprendizajes que la vida nos da, desde mi perspectiva personal, los errores que cometemos son grandes aprendizaje que cada vez te acercan más al objetivo.

No temas equivocarte, todos en alguna ocasión nos podemos equivocar, sin embargo, no te permitas repetir los mismos errores dos veces, aprende y sigue hacia delante.

Vitamina 173

Visión

REFLEXIÓN, PROYECCIÓN y VISUALIZACIÓN para tu vida, y cada día de tu vida.

Como seres humanos tenemos la gran oportunidad de cada día MEJORAR, por lo que te recomiendo seguir soñando y poniendo las ACCIONES necesarias para que tengas mejores RESULTADOS.

Toda persona que es exitosa, siempre al dormir hace una reflexión de su día preguntándose: ¿Qué hice bien?, ¿Qué hice mal? y ¿Qué aprendí? Si haces este pequeño ejercicio al finalizar cada día, entonces sí podrás proyectar y visualizar los cambios que tienes que hacer para continuar. Confía en mí, éste es el camino correcto para avanzar; pues si no, de otro modo, lo que pasará es que te pierdes en el día a día y no tienes la información o los datos más importantes para seguir avanzando.

Existe una historia que cuenta Gustavo, (mi socio y esposo), de un gran empresario de la época de 1900 quien después de una etapa de grandes logros y prosperidad muere de repente, y como es lógico en aquellos tiempos su esposa no trabajaba, y por supuesto, que no tenía ni la más mínima idea de qué era el negocio ya operando, por lo que te imaginarás que con estos antecedentes la compañía quebró, sin embargo, la historia nos dice lo contrario, la empresa logró duplicar sus ventas en un tiempo relativamente corto y todo fue a tres grandes preguntas que en la mesa de Consejo la mujer le hizo a sus nuevos colaboradores: "¿Qué estamos haciendo bien?", "¿Qué no hemos hecho?" y "¿Qué hemos aprendido?". Fin de la historia.

Ahora, la historia comienza para ti, reflexiona acerca de tu vida y responde con honestidad y a profundidad las 3 grandes preguntas...

Hoy y siempre, es un gran día para reflexionar y proyectar un futuro exitoso.

Vitamina 174

Alimenta tus Sueños

Cada historia comienza con un sueño. Descubre tu sueño y aliméntalo, en él encontrarás la trascendencia.

Lo más increíble y divertido de los sueños es que no son fáciles, te retan, para que con perseverancia y compromiso luches por ellos ante cualquier crisis.

Según Shakespeare, estamos hechos de la misma sustancia que los sueños... No hay nada más hermoso que soñar. Los sueños inspiran nuestro espíritu, desarrollan nuestra creatividad, nos llenan de esperanza y construyen nuestro futuro.

Los sueños con la persistencia, son la mejor combinación, si quieres que tus sueños trasciendan y se materialicen, no dudes de invitar a tu vida a la persistencia. La persistencia es la clave del éxito y se alimenta del deseo, la motivación y la fuerza de voluntad.

Hoy y siempre, es un gran día para hacer de la persistencia un hábito en Tu vida, recuerda que todo hábito se logra con la "repetición diaria".

Si a este momento te preguntas: ¿Qué es la persistencia? Te cuento, la persistencia tiene que ver con tenacidad, consistencia, constancia, concentración, dedicación, disciplina, esfuerzo, trabajo, fuerza de voluntad y mucha determinación; porque cuando de alcanzar sueños se trata, es necesario "insistir, persistir y nunca desistir".

Vitamina 175

¡El Éxito sí existe!

Una buena NOTICIA: ¡El éxito sí existe y está en el interior de tu propia mente!, y para creer todo esto que te digo debemos de tener en mente que el éxito es algo bueno y que nos hace sentir extremadamente bien, en cualquiera de las áreas de tu vida.

No lo dudes más: ¡Atrévete a ser exitoso! y disfrutar de sentirte de esta manera, recuerda que el éxito no lo hace el coche que traigas o si tienes o no mucho dinero, el éxito nace en el interior de tu mente y automáticamente genera emociones positivas como fe, felicidad, entusiasmo, pasión, confianza, etc., y cuando estas emociones se generan en nuestro cuerpo, nuestros resultados trascenderán y serán positivos.

El éxito sí existe y está esperando que lo abraces, que te des la oportunidad de creerlo y aproveches y disfrutes todo los beneficios que te dará.

Vitamina 176

Cree en ti, ¡Eres grande!

Si realmente crees en ti mismo, en lo que estás haciendo y en lo que quieres hacer, puedes vencer cualquier adversidad. Si quieres triunfar, deja de ir a la deriva, elije una META, escríbela, grábala en tu memoria. Decide exactamente cómo piensas alcanzarla y empieza a poner inmediatamente en práctica tu plan.

Ahora, quiero compartir contigo lo que opinaba la famosa actriz, Mary Pickford, esto lo pude leer en una de sus biografías:

«Usted es capaz de empezar de nuevo en el momento que lo elija, pues esa cosa que llamamos fracaso no consiste en caerse, sino en quedarse abajo.

Hay una diferencia crítica entre el acto: de fallar y las conclusiones a las que usted llega debido a este acto.

Aquellos que permanecen abajo se juzgan, a sí mismos, que han fracasado, no sólo sus acciones.

Aún más, ellos generalizan desde sus "fracasos" y llegan a conclusiones ilógicas como "yo soy un fracaso", y "probablemente siempre voy a fallar".

Por lo tanto, ellos asumen que no hay retorno. Sin embargo, siempre hay la posibilidad de comenzar de nuevo».

Me encantó, así que a trabajar y dejemos de juzgarnos por los errores, son aprendizajes y ¡Felicidades!

Como dice en uno de los artículos publicados en el sitio www.empresariovirtual.com: «La sabiduría de los ancestros dice que entre más pronto cometamos nuestros primeros 5,000 errores, más pronto aprenderemos algo.

La nueva sabiduría habla acerca de "realizar prototipos rápidos": fracasar rápido y frecuentemente».

Vitamina 177

La Vida es un regalo

Hoy concluí que la VIDA es un regalo enorme, todo llega cuando menos lo esperas, siempre te sorprende, da una enorme alegría empezar cada día, la compartes con grandes personas, y cada nuevo día te da nuevos regalos.

Hoy tienes un gran regalo en tus manos "Tu Vida", disfrútate, quiérete, haz algo que te apasione y disfrutes al máximo cada día, come, reúnete con grandes amigos y comparte, sueña, trabaja, emóciónate, aprende de todos y de todas las circunstancias, haz ejercicio, cuídate, consiéntete, y lo más importante: Sé consciente de que cada nuevo día es una grata experiencia y un gran regalo que hay que agradecer.

Cada día tienes la gran oportunidad de escribir una mejor historia que la de ayer, aun cuando te hayas equivocado o sientas que nada funciona, por favor, regálate la gran oportunidad de volver a intentarlo.

Vitamina 178

Estás llamado a Triunfar

Cada uno de nosotros está llamado a ser GRANDE. Dentro de ti habita la fuerza necesaria para IMPACTAR al mundo, lo único que necesitas es DESPERTAR a tu poder interior y decidirte a utilizarlo.

Hoy y siempre, tenemos la gran oportunidad para triunfar, independientemente de que hoy lo dudes y mis palabras no te entusiasmen, debo decirte que ¡Eres grande!, y si otros han logrado el éxito en su vida, tú también lo harás. Deja de evitar el llamado a triunfar y comienza a trabajar en lo más urgente que te ayude a cambiar tu actitud; si requieres reunirte con personas diferentes que te compartan un poco de alegría, por favor, no dudes en hacerlo; si requieres tomarte un fin de semana sólo para ti, por favor, hazlo; si requieres definir un plan y ponerlo en papel porque hoy no sabes para dónde vas, por favor, hazlo; si requieres comenzar a pensar más en ti y poner acción para sentirte mejor de salud, por favor, hazlo; si requieres aprender a sorprenderte y disfrutar de todo lo bueno que hay en la vida, por favor, hazlo. Ve a un parque y platica con esos niños que hoy aún en su mente tienen el deseo de hacer algo grande y de triunfar, aprende de ellos y sigue su ejemplo.

Vitamina 179

¡Hazlo Ahora!

Dos palabras de acción para grabar en tu mente y en lo más profundo de tu Ser, son: ¡Hazlo Ahora! Si las aplicas, serán como un resorte que te aventará a la acción y te permitirán alcanzar cualquier cosa que tengas en mente. De hecho, son las palabras más poderosas que he encontrado para mi crecimiento personal y profesional.

No le digas al mundo lo que eres capaz de hacer: ¡Demuéstraselo!, ¡Ahora!, con tu capacidad de hacer que las cosas sucedan, con tu actitud mental positiva, con el enorme potencial que tienes dentro, o con cualquier habilidad o actitud que desees, lo importante es comenzar a reconocer tu enorme POTENCIAL y Actuar, ya no lo postergues más, lo que sea: ¡Hazlo Ahora!

Vitamina 180

Tu Vida

Para escribir la historia ESPECTACULAR de tu vida, requieres invitar a cada día de tu vida, a la ACTITUD MENTAL POSITIVA, saber hacia dónde te diriges, enfocar tus esfuerzos y recursos para que SUCEDA, tolerancia ante los errores y ACCIÓN, pero sobre todo, ATREVERTE a tener una vida ESPECTACULAR, que desafíe y rompa tus propios paradigmas.

"Hoy y siempre, tenemos la gran OPORTUNIDAD de escribir una gran historia en nuestra vida, eres el protagonista y de cada uno de nosotros depende hacer los ajustes necesarios para sentirnos mejor y más exitosos. «Para cambiar tu vida, necesitas cambiar tu vida».

Vitamina 181

Rediseña tu Estrategia

«Tómate tiempo para deliberar, pero cuando llegue la hora de la acción deja de pensar y ACTÚA».

Andrew Jackson

Dedicar tiempo a pensar es una estupenda estrategia para nuestra VIDA, nada más no nos quedemos mucho tiempo en el mundo de la ideas o en el pasado. Si queremos cambiar las circunstancias que no son agradables para nuestra vida, toma ACCIÓN y comienza a implementar todas esas estrategias que has pensado hasta el día de hoy y, te garantizo, que mejorarás.

Vitamina 182

Haz Realidad tus Sueños

Muchos de nosotros tenemos miedo de ser nosotros mismos y renunciamos a nuestros sueños para seguir a los demás. Si queremos sentirnos más plenos y felices, te invito a retomar tus sueños y a trabajar y luchar por ellos, si han estado dormidos por mucho tiempo HOY es un muy buen día para DESPERTAR.

Vitamina 183

Conviértete en un atleta de Alto Desempeño

Si queremos mejorar en cualquier área de nuestra vida, te invito a convertirte en un atleta de alto desempeño, ya que la práctica, la actitud mental positiva, tu disciplina y el reto constante serán los únicos elementos que te darán el Oro.

Todo atleta que ha sobresalido en esta rama del deporte, ha sido gracias a su enorme compromiso y dedicación por llegar a sus metas. Para lograrlo, trabaja todos los días con un enfoque total: su alimentación es cuidada, practica durante varias horas al día, mentalmente está repasando una y otra vez el lugar donde competirá hasta verse llegar a la meta, escucha con atención las retroalimentaciones que le da su Entrenador, cuida sus hábitos, etc.

La analogía del atleta de alto desempeño es lo más parecido que he encontrado para entender claramente cómo se llega al éxito, ya que en el caso de cada uno de nosotros, es vital recorrer una y otra vez el camino al éxito, es decir, cada día tener absolutamente claras las metas o sueños que queremos alcanzar.

Brian Tryce, (un reconocido Entrenador y Líder en el área de las Ventas) siempre ha comentado que para lograr nuestras metas, día a día las debes de escribir. Sí, leíste bien, todos los días para que las tengas presentes, y que el olvido no te haga perder el compromiso y la acción, que (como en el caso del atleta), son fundamentales en tu vida, y claro que por supuesto que todo tiene un precio para llegar a las metas, así que, ¿Cuál es el precio que tendrás que pagar tú para llegar a tu meta? Te recomiendo explorarlo a profundidad, y si como el atleta, entiendes todo lo que tendrás que hacer, te será más fácil llegar.

Hoy y cada día de tu vida, es una gran oportunidad para convertirte en el atleta de alto desempeño de tu vida, y si necesitas un Entrenador que te oriente y te esté retando, no dudes en buscarlo de inmediato, puedes hacerlo, sólo tienes que decidirte a poner en claro y en papel qué es lo que tienes que hacer para conseguir la medalla del Éxito en tu vida.

Vitamina 184
Aprende a decir: ¡Alto!

Debo comentarte que muchas veces para continuar atreviéndote debes de decir: ¡Alto! a los comentarios o pensamientos de otros que te dicen: "Eso no es posible", "Mejor enfócate a lo que ya has hecho antes", "¡Aguas!, la crisis está muy grave y tú inventando".

Tu reto es: Seguir adelante y escuchar aquellas retroalimentaciones positivas que sí te ayudan a lograr tu objetivo, tú puedes hacerlo.

Vitamina 185

Iniciativa

Iniciativa es un motor en la vida. La iniciativa es la cualidad que impulsa a una persona a hacer lo que debe hacerse sin que se le diga que lo haga.

La iniciativa es la responsable de que las cosas sucedan en la vida. Estarás de acuerdo conmigo en que cuando has tomado la iniciativa en cualquiera de las actividades que te propusiste realizar, el resultado fue sorprendente para ti y otras personas, ¿verdad?

Bueno, pues con iniciativa puedes lograr tus sueños, éxitos y emprender la acción, créeme que quien haya logrado algo no fue por buena suerte o porque tenía algún don especial; dicha persona hizo algo sorprendente y fue por apoyarse en su iniciativa.

La realidad es que si quieres y tienes la intención de comenzar y llevar a cabo tus sueños, la Iniciativa será tu mejor aliado, independientemente de que tu sueño u objetivo sea pequeño o muy ambicioso.

Vitamina 186

Recomendaciones

Algunas recomendaciones para desarrollar y mejorar tu iniciativa que he compartido en mi libro Despertar son las siguientes, te recomiendo tomarlas en cuenta y poner acción:

- Haciendo cada día algo concreto que tengas que hacer, sin que nadie te diga que lo hagas.
- Mira a tu alrededor hasta encontrar al menos una cosa que puedas hacer cada día, algo que no estés habituado a hacer y que será de valor para otras personas, sin la expectativa de una paga.
- Entre más practiques la iniciativa, ésta se convertirá en un hábito.
- Desarrolla el hábito de la iniciativa en cosas pequeñas, corrientes, relacionadas con tu trabajo diario.
- Repite y graba en tu mente: ¡Hazlo Ahora!

Vitamina 187

Seguridad en ti mismo

El desarrollo de la seguridad en uno mismo comienza con la eliminación del miedo, las dudas y la inseguridad que escuchas en voces adentro de tu cabeza.

Y me podrás preguntar: "¿Cuáles voces?, yo no...". Bueno, pues se trata de esa voz que te infunde miedo, que te dice: "No puedes hacerlo", "tienes miedo de intentarlo", "tienes temor a fracasar, de no tener la capacidad de hacerlo".

Vitamina 188

Importante...

Para que las cosas sucedan en tu vida y alcances tu éxito, no debes de olvidar los siguientes elementos:

1. Tener absolutamente claro cuáles son tus metas, acciones o proyectos a realizar, recuerda: el enfoque y la concentración son tus mejores aliados.
2. Hacerte responsable de tu vida y trabajar intensamente por tus éxitos y no culpar a factores externos.

3. Si has involucrado a más personas en tus objetivos y sueños, asegúrate de que estos tengan totalmente clara su meta, tarea o acción a seguir.

4. Seguimiento: puntual y calendarizado previamente, para ti mismo y para que las demás personas involucradas entiendan el nivel de seriedad que tiene este seguimiento.

5. Monitorea tus resultados y el progreso de todas las acciones, y si algo no está saliendo como esperabas, pon acción y replantea lo que tengas que hacer para que suceda.

Vitamina 189

Sé Impecable con tus palabras

El reto Hoy y siempre, será: «Sé impecable con tus palabras», como bien lo dice Miguel Ruiz, autor de Los 4 Acuerdos. Si este acuerdo o manera de vivir lo conviertes en parte de tu vida, serás capaz de alcanzar la felicidad y podrás disfrutar tu vida al máximo, sin esos problemas de interpretaciones y comunicaciones destructivas que luego no acaban en nada bueno.

¿Por qué tus palabras debieran de ser impecables? Porque constituyen el poder que tienes para crear, las palabras no son sólo sonidos o símbolos escritos, son una fuerza que integran el poder que tienes para expresar, comunicarte, para pensar y en consecuencia, para crear los acontecimientos de tu vida.

Si quieres tener una vida con menos problemas y dificultades piensa más antes de hablar, y en el impacto que tus palabras pueden tener sobre los otros; si son pensamientos y palabras positivas, ni lo pienses, ¡adelante!, pero... si lo que quieres expresar no es constructivo y puede afectar de una manera negativa a otros o a ti, cuenta hasta 10 antes de abrir tu boca.

Vitamina 190

Puedes dejar Huella

«Qué maravilla es que nadie tenga que esperar ni un instante para empezar a mejorar el mundo».

Anne Frank

Cada día tenemos la gran oportunidad de crear y aportar para un mundo mejor, un entorno mejor, una familia mejor, etc., algo bien sencillo que hará tu vida más ligera y más disfrutable y esto es: Hacer cada día algo positivo, algo que trascienda y marque la vida de todas las personas que te rodean.

¡No esperes más! Hoy es un gran día para comenzar a mejorar en algún aspecto de tu vida, los demás serán responsables de cambiar por ellos mismos, no trates o pienses que lo mejor es que otros cambien, empieza por ti.

Vitamina 191

No lo tomes Personal

Suceda lo que suceda a tu alrededor no te lo tomes personal, ese comentario o mensaje que te ha molestado nada tiene que ver contigo, ¡Sí!, las personas tenemos diferentes experiencias que con el tiempo se convierten en creencias o paradigmas, y con ellas es como miramos el mundo y nuestra realidad.

Cuando alguien te comenta algo ofensivo que no concuerda con tus creencias, no te lo tomes personal, recuerda que cada persona tiene una experiencia diferente de vida, y en base a esto es como nos expresamos y comportamos en el mundo; tú también lo haces así, así que relájate y simplemente escucha, no reacciones.

Hoy y siempre, es un buen día para vivir más ligero y con menos problemas, "No te lo tomes personal".

Vitamina 192

Diviértete

La vida es para divertirnos y VIVIRLA al máximo sin problemas y dificultades, sin embargo, lo que pasa normalmente es que nuestras vidas se convierten en algo monótono, amargado y pesado, y ¿Sabes algo?, no son los demás, nosotros mismos hemos decidido vivir así esta gran experiencia que llamamos "Vida".

Las áreas de oportunidad y los retos siempre estarán presentes, pues son lo que le dan ese sabor a la vida, para relajarnos un poco más, asegúrate de sonreír, de divertirte y de día a día fortalecer tu sentido del humor.

Al reírnos y divertirnos nuestro cuerpo se siente mejor, así que Hoy te invito a: Reír, a vivir y disfrutar este día de una manera más divertida, no tan seria, observa cómo viven los niños y disfruta.

¿Te cuesta trabajo sonreír?, te sugiero ponerte a brincar durante 5 minutos, ya que al brincar nuestros músculos de la cara no pueden permanecer tiesos, inténtalo y vas a ver cómo estos 5 minutos pueden aportarle algo a tu vida, tú brinca, no pienses en el ridículo, simplemente hazlo y comienza a divertirte.

Vitamina 193

Rompe tus Límites Mentales

En el mes de mayo de hace ya algunos años, se llevó a cabo un acontecimiento sin precedentes y de suma relevancia en el mundo deportivo. Específicamente el día 5 de mayo del año 1954 el atleta británico Roger Bannister corrió la milla por debajo de los 4 minutos, acontecimiento que llenó con muchos comentarios a la páginas deportivas. Para los expertos fue casi inconcebible que una persona pudiera cubrir dicha distancia en un guarismo por debajo del "límite" imaginario de los cuatro minutos.

La pista era la de d´Iffley Road y con la presencia de un millar de espectadores. El aún estudiante de medicina Bannister, sabía que el récord de la milla estaba "en sus piernas" y por dicho motivo se puso la meta de quebrar ese "muro" que representaban los 4 minutos.

Hoy y siempre, es un gran día para identificar nuestras barreras mentales que nos están deteniendo para lograr nuestras metas y sueños, así como Bannister, cada uno de nosotros podemos romper nuestros límites mentales, en primer lugar, y comenzar a triunfar en nuestra vida.

Vitamina 194

Toma el control de tu Vida

Anthony Robbins comento en su libro Despierta tu Gigante interior que: «Cualquier persona puede tomar el control de su vida y explotar las fuerzas que moldean su destino.

El auto-dominio es la clave para la calidad de vida. En particular, crear, alimentar y fortalecer un poderoso sistema de creencias es de vital importancia, si lo hace, su vida necesariamente seguirá esa dirección y alcanzará el destino final del mismo.

Cualquier cosa que se desee tener o lograr en la vida, se puede alcanzar con el sistema de creencias apropiado, que influencie todo lo que diga, haga o piense».

Somos lo que pensamos, si nuestras creencias o ideas acerca de nosotros mismos son negativos estamos en problemas, independientemente de los resultados negativos o desastrosos que hayamos tenido en nuestra vida, es nuestra responsabilidad abrirnos a creencias o ideas más positivas acerca de nosotros mismos. Para esto te sugiero que puedas pensar y escribas en papel todas las cualidades positivas que tú tienes como persona, por favor, tómate todo el tiempo que necesites, ya que a veces estamos tan acostumbrados a pensar en todo lo negativo, que retomar el pensar de esta manera te llevará tu tiempo, la buena noticia es: ¡Que puedes!, y debes hacerlo.

Vitamina 195

No hagas suposiciones

Hoy y siempre, es un buen día "para no hacer suposiciones" o historias que no vienen al caso en nuestra vida.

El pan de cada día de muchas personas es hacer suposiciones de todos y de cada situación, el problema es que al hacerlo creemos que lo que suponemos es cierto. Hacemos suposiciones sobre lo que los demás hacen o piensan, (nos lo tomamos personal), y después los culpamos y reaccionamos de una manera no adecuada ante todas las situaciones o circunstancias de nuestra vida.

Al hacer suposiciones, nuestra vida se vuelve amarga, llena de problemas y ¿sabes qué es lo peor?, que la mayoría de las veces esas suposiciones o interpretaciones que hacemos son falsas.

Hoy y siempre, es un buen día para dejar de suponer y simplemente vivir la vida, "nuestra vida", dejemos de juzgar e interpretar de acuerdo a nuestros filtros o experiencias de vida, pocas veces le atinarás a tus suposiciones, así que mejor disfruta y ocúpate sólo de ti.

Vitamina 196

Beneficios del Fracaso

Hoy y siempre, en una buena idea identificar todos los beneficios que como persona has adquirido al fracasar, ¡Sí! Tenemos que movernos del fracaso o de esos resultados negativos que nos acercaron al resultado. Una buena práctica para hacerlo es preguntándote: ¿Qué he aprendido hasta este momento?, por favor, incluye TODOS los fracasos que has tenido hasta este momento en relación al sueño u objetivo que has dejado de buscar.

Te reto a que: Tomes una hoja de papel y en la misma anotes todo lo que se te venga a tu mente en relación a esta pregunta, no dejes de escribir, si quieres llorar, llora para que una vez que termines este ejercicio te liberes y puedas identificar con claridad ¿Qué es lo que has aprendido de positivo?, y por supuesto anótalo, ya que si eres capaz de identificarlo y verbalizarlo tendrás una gran fuerza para continuar, pues te darás cuenta de que no es tan malo lo que has vivido.

Hoy, te invito a: Dar ese primer paso que te permita retomar tus sueños y te de la fuerza para seguir intentándolo, ¡Sí puedes y sé que lo harás!

Vitamina 197

Esperanza

La esperanza es también una materia prima o un ingrediente del éxito. La esperanza se materializa en Fe, la fe en determinación y la determinación en ACCIÓN.

La esperanza surge principalmente de la imaginación, de tus sueños, si tienes esperanza podrás elegir una meta definida en tu vida y hacerla realidad.

Manuel L. Quezón se atrevió a soñar y desear un gobierno independiente para sus queridas Islas Filipinas, incluso llegó a tener la esperanza de que un día se convertiría en Presidente de Filipinas. Durante 25 años dedicó todos sus esfuerzos a conseguir que su país se convirtiera en un territorio independiente.

Después de esos 25 años, y gracias a su esperanza, Manuel L. Quezón se convirtió en el Presidente de Filipinas.

Hoy y siempre, es un gran día para recordar que la esperanza hará que tengas fe en tus sueños, y esa fe, si realmente la sientes desde lo más profundo de tu mente y de tu Ser, se convertirá en la determinación que requieres para tomar la acción y hacer que suceda lo que sea que tengas en mente.

Vitamina 198

Vive

Esta canción de José María Napoleón me encanta, me entusiasma y me reta día a día recordar que estamos aquí de paso, así que no lo olvides y graba en tu mente cada una de estas importantes palabras.

Nada te llevarás cuando te marches
cuando se acerque el día de tu final
vive feliz ahora mientras puedes
tal vez mañana no tengas tiempo
para sentirte despertar.

Siente correr la sangre por tus venas
siembra tu tierra y ponte a trabajar
deja volar libre tu pensamiento
deja el rencor para otro tiempo
y hecha tu barca a navegar.

Abre tus brazos fuertes a la vida
no dejes nada a la deriva
del cielo nada te caerá
trata de ser feliz con lo que tienes
vive la vida intensamente
luchando lo conseguirás.

Y cuando llegue al fin tu despedida
seguro es que feliz sonreirás

por haber conseguido lo que amabas
por encontrar lo que buscabas
porque viviste hasta el final.

Hoy y siempre, es un gran día para Vivir al MÁXIMO nuestra vida.

Vitamina 199

Mente Abierta

Hoy y siempre, es un buen día para pensar con claridad. El pensamiento, (tus pensamientos), son realmente de las pocas cosas sobre las que tienes un control absoluto, y para poder beneficiarte de este poder, debes comenzar a pensar con claridad.

Las personas que tienen una mente clara y saben exactamente cuáles son sus sueños y hacia dónde se dirigen, no dejan que otros piensen o decidan por ellas.

Si hoy no sabes claramente qué quieres para tu vida o hacia dónde vas con todo lo que haces, no te preocupes, sino más bien ocúpate para dedicar el tiempo que requieras en definir tus metas y objetivos.

Hoy y siempre, es un gran día para poner en papel esos sueños y delimitar el plan de acción y las actividades que deberás hacer a lo largo del tiempo para que sucedan, esto es muy claro, ¡Ya no le des más vueltas!, enfócate y dedica el tiempo a la persona más valiosa: ¡Tú!

Vitamina 200

Define tus Metas

Hoy y siempre, (no nada más a inicios de un nuevo año), es un buen tiempo para definir nuestras metas personales, profesionales y familiares.

Está comprobado que realmente muy pocas personas saben: "¿Qué es lo que quieren en la vida?", y al escribirlo de esta manera me refiero a saberlo con claridad. Muchas veces he hecho el ejercicio con miles de personas de preguntarles: "¿Cuál es tu sueño?", y una gran mayoría me dice: "Tener mi casa", y eso está perfecto, sin embargo, cuando les pregunto: "¿Cómo es tu casa?, ¿cuántas habitaciones tiene?, ¿de qué color es? ¿tiene jardín?", etc.,... muy pocas son las personas que han respondido con claridad.

El punto aquí, en primer lugar, es que no te angusties demasiado —si hoy es tu caso—, más bien, empieza a ocupar y anota en una hoja o en una libreta especial el detalle de lo que quieres, si le quieres poner imágenes es lo mejor, pues todos estos elementos te darán claridad, si no lo haces porque no crees, o no te das el tiempo, la persona perjudicada serás tú, pues está comprobadísimo que si tenemos claridad, lograremos cualquier cosa.

Hoy es un buen día para dedicarte un espacio y pensar: ¿Qué es lo que quieres para tu vida personal, familiar, física, profesional?, etc., ¿Cuáles serán tus metas?

Vitamina 201

Progreso

El progreso de las ciudades, de las comodidades que hoy tenemos en la vida, siempre han requerido de una mente abierta, una mente abierta es una mente libre, que puede pensar sin obstáculos.

La mente abierta permite desarrollar la imaginación, retar los paradigmas o las creencias limitantes que de repente viven en nuestra mente y, sin duda, son el principal obstáculo para no atreverte y hacer algo diferente.

Los hermanos Wright desafiaron a su época, inclusive varias veces pusieron en peligro su vida, sin embargo, todo esto no importó una vez que lograron su objetivo. De manera personal, cada vez que me subo a un avión o veo uno, siempre recuerdo que este logro se hizo realidad gracias al poder de una mente abierta que nunca dudó que su idea (por más loca que fuera), se iba a hacer realidad.

Hoy y siempre, es un buen día para identificar todos esos comentarios o inseguridades propias que tenemos en relación a nuestros sueños; abre tu mente a la posibilidad de que se pueden convertir en realidad.

Si Hoy no lo crees, o no lo ves tan claro o tan fácil, pues entonces, tienes que prepararte con la información necesaria para que tu mente se abra a la opción y al progreso.

Vitamina 202

Supera el miedo

Supera el miedo a soñar y alcanzar tus objetivos. El miedo es el principal obstáculo y enemigo de tus sueños, no es el no tener dinero o no tener un plan calendarizado de lo que tienes que hacer, "el miedo es el enemigo a vencer".

Al momento que estamos frente a tomar la decisión en algo importante o que impactará en nuestra vida, el miedo se manifiesta de muchas maneras y a muchos les impide continuar.

El miedo es falta de información, de datos, en mi experiencia personal y algo que he hecho para eliminar ese miedo que te paraliza y no te deja avanzar es, investigar y tener la información que me de la claridad. Debo decirte que el miedo disminuye o se cambia por ansiedad o por nerviosismo, sin embargo, esto es perfectamente normal, ESTAMOS VIVOS y debemos de experimentar las emociones, lo importante es concientizarnos de que algunas emociones son útiles para la vida y otras no, y entonces debemos hacer algo diferente, como prepararnos más, buscar la información o los datos, preguntarle a alguien que ya haya logrado algo similar, etc.

Hoy y siempre, es un buen día para identificar ¿Qué es lo que me está deteniendo para hacerla en grande?

Vitamina 203

Riqueza en tu vida

"Mi riqueza en el Valle Feliz"

Por: Napoleón Hill.

"El hombre más rico del mundo vive en el Valle Feliz. Es rico en valores que perduran, en cosas que no se pueden perder, cosas que le proporcionan buena salud, paz de espíritu y armonía en el interior de su alma.

He aquí un inventario de sus riquezas y de cómo las adquirí:

Hallé la felicidad ayudando a los demás a encontrarla.

Hallé la buena salud viviendo con templanza y comiendo sólo alimentos que mi cuerpo necesita para mantenerse.

No odio a nadie, no envidio a nadie, pero amo y respeto a toda la humanidad.

Estoy entregado a una tarea amorosa con la que mezclo generosamente el juego; por consiguiente, raras veces me canso.

Rezo diariamente, no pidiendo más riqueza sino más sabiduría para poder identificar, alcanzar y disfrutar de la gran abundancia de las riquezas que ya poseo.

No pronuncio ningún nombre como no sea para honrarlo, y no calumnio a nadie por ningún motivo.

No pido favores a nadie, como no sea el privilegio de compartir mis bienes con todos aquellos que lo deseen.

Estoy en buenas relaciones con mi conciencia; por consiguiente, ésta me guía rectamente en todo lo que hago.

Tengo más riquezas materiales de las que necesito porque estoy libre de codicia y sólo ansío poseer aquellas cosas que pueda utilizar constructivamente mientras viva. Mi riqueza procede de aquellos a quienes he beneficiado compartiendo con ellos lo que poseía.

La finca que poseo en el Valle Feliz no está sometida a impuestos fiscales. Existe principalmente en mi mente, en las riquezas intangibles que no pueden ser objeto de impuesto ni de dominio, excepto por parte de aquellos que adoptan mi estilo de vida. Yo he creado esta finca a lo largo de toda una vida de esfuerzos, observando las leyes naturales y adquiriendo hábitos conformes a las mismas".

Hoy y siempre, es un gran día para visualizarnos y hacer lo necesario para compartir esta vida en el Valle Feliz.

Vitamina 204

Elimina el fracaso de tu vida

Antes de que el éxito llegue en la vida de cualquier hombre, es seguro que éste se enfrentará con muchas derrotas temporales. Cuando la derrota se presenta, la cosa más fácil y lógica por hacer es RENUNCIAR. Eso es lo que la mayoría de la gente hace.

Más de 500 hombres de los más exitosos que EU ha generado, le dijeron a Napoleón Hill que su mayor éxito llegó un paso más allá del punto en el cual la derrota los había envuelto. «El fracaso es un embustero con un agudo sentido de la ironía y muy astuto. Tiene gran placer en aparecer cuando el éxito está casi al alcance».

Me encanta esta conclusión que Napoleón Hill expresa después de más de 25 años de reunirse con las personas más exitosas de su tiempo.

Y por supuesto que estoy totalmente de acuerdo. Hoy y siempre, es un buen día para no desesperarte, respirar y seguir intentándolo, te garantizo que muy pronto... Llegará el resultado que tú esperas.

Vitamina 205

Éxito

El legendario Coach de Basquetbol, John Wooden, ofreció una conferencia en el año 2001 donde redefine el concepto de éxito y nos insita a que busquemos lo mejor de nosotros mismos.

John Wooden dice que el éxito no es ganar dinero y acumular riquezas u obtener una posición de poder, y al considerar que no todas las personas son iguales, cada una con niveles distintos de inteligencia y fuerza física, su definición es:

«El Éxito es la paz interior alcanzada sólo a través de la autosatisfacción de saber que hiciste el esfuerzo de hacer lo mejor de lo que eres capaz».

Vitamina 206

Vive Feliz y Pleno

Hoy y siempre, es un buen día para practicar nuevas maneras de vivir la vida, para vivirla de una manera más plena y feliz. Si cada día de tu vida practicas cada uno de estos puntos, con el tiempo: "Tú serás una manifestación más del éxito".

Siempre aprende de los demás.

Nunca te rindas.

Si estás demasiado absorto e involucrado y preocupado en relación a las cosas de las que no tienes control, afectará adversamente las cosas sobre las que sí tienes control.

Desarrollar la paciencia ante cualquier cosa que estemos haciendo.

Sé consciente de que "No hay progreso sin cambio".

Debemos creer, verdaderamente creer. No solamente decirlo.

Trabajar cada día de tu vida para garantizar hacer las cosas necesarias para que las cosas sucedan.

Nosotros mismos somos los que creamos nuestro destino.

Nosotros abrimos o cerramos las puertas del camino por recorrer o del camino recorrido.

No lloriquees. No te quejes. No inventes excusas.

John Wooden

Vitamina 207

¡Tienes que Moverte!

En el libro de Alicia en el País de las Maravillas de Lewis Carroll, la reina roja le da este consejo a Alicia: "Para quedarte en el mismo sitio tienes que correr lo más rápido que puedas y, si quieres llegar a alguna parte debes correr dos veces más rápido".

Ahora, llevando estas palabras a nuestra vida diaria, el consejo aplica de la misma manera. Si quieres mejorar tu vida, o lograr tus sueños o si quieres mejorar tus resultados "tienes que correr más rápido, lo más rápido que puedas", para llegar a las metas y sobresalir debes de "correr dos veces más rápido", si quieres progresar en tu vida personal y profesional, "no te duermas en tus laureles", y como dicen en Mary Kay Inc. "No te duermas en tus laureles porque nada se marchita más rápido que los laureles sobre los que alguien ya ha dormido".

Hoy y siempre, Despierta y comienza a trabajar más duro por tus objetivos y tus metas, pueden suceder, sólo necesitas... correr más rápido.

Vitamina 208

Reconoce tus Logros

Los pequeños logros abren caminos a los grandes triunfos. Para muchas personas o para ti mismo, el último elogio o aplauso recibido por lograr algo pudo ser hace muchos años, no obstante, hoy y siempre, será un buen día para reconocer todos esos pequeños, medianos o grandes logros que has alcanzado en tu vida. Si tú no los empiezas a reconocer, ¡Nadie más lo hará!, pues recuerda que cada persona traemos en nuestra mente otras cosas importantes, ¡ojo con esto!, —no estoy diciendo que tú no seas importante—, sin embargo, en ocasiones vale la pena dejar de esperar que otros nos reconozcan o hagan lo que a nosotros nos gustaría.

Empieza por ti y tú reconócelo, escríbelo en papel, y regresa a todos esos recuerdos que ahí están y de los que algún día te sentiste orgulloso.

Y por último, si no quieres sentir lo que otros sienten al no tener reconocimiento, te invito a que...

Hoy y siempre, reconozcas esos pequeños logros en tu persona y en cada persona que te rodea.

Vitamina 209

Celebra la Vida...

La canción "Celebra la Vida" de Axel Fernando, es también un himno a vivir más plenamente y celebrar nuestra vida, si para motivarte y celebrar cada minuto de tu existencia requieres ponerlo en tu celular, ¡Adelante!,... muchas veces necesitamos recordatorios como estos para inyectar entusiasmo y agradecimiento a nuestra vida.

No sé si soñaba,
no sé si dormía,
y la voz de un ángel dijo que te diga...
Celebra la Vida.

Piensa libremente,
ayuda a la gente,
y por lo que quieras,
lucha y sé paciente,
lleva poca carga,
a nada te aferres,
porque en este mundo,
nada es para siempre.

Búscate una estrella
que sea tu guía
no hieras a nadie,
reparte alegría.

Celebra la vida,
celebra la vida,
que nada se guarda,

que todo te brinda.
Celebra la vida,
celebra la vida,
segundo a segundo
y todos los días.

Y si alguien te engaña
al decir te quiero,
pon más leña al fuego
y empieza de nuevo.

No dejes que caigan
tus sueños al suelo,
que mientras más amas,
más cerca está el cielo.

Grita contra el odio,
contra la mentira,
que la guerra es muerte
y la paz es vida.
Celebra la vida,
celebra la vida,
que nada se guarda,
que todo te brinda.
Celebra la vida,
celebra la vida,
segundo a segundo.

No sé si soñaba,
no sé si dormía,
y la voz de un ángel dijo que te diga...

Celebra la vida,
celebra la vida,
y deja en la tierra tu mejor semilla.

Celebra la vida,
celebra la vida,
te escucho más bella

cuando tú me miras.

Celebra la vida,
celebra la vida.

Vitamina 210

Implementación de Acciones

No conseguirás algo grandioso sin ejecutar e implementar todas las grandes ideas que día a día aparecen en tu mente.

Una vez escuché decir a alguien: "Hay ideas a diez centavos la docena; pero la gente para implementarlas, ésa no tiene precio". El mundo está lleno de ideas, motivadas por las mejores intenciones, pero, como decimos en México: "Del dicho al hecho... hay un gran trecho".

Si queremos lograr el éxito y alcanzar nuestras metas, debemos de ponernos a trabajar seriamente en ello, ¡Basta de excusas! y postergar las tareas o las acciones que sabemos que debemos de hacer.

Hoy y siempre, es un buen día para tomar acción y hacer que sucedan nuestras ideas, ¡Puedes hacerlo y sé que lo harás!

Vitamina 211

Autodisciplina

La mejor manera de cumplir y hacer lo que debemos hacer es hacerlo de inmediato, ¡Hazlo en el momento!, ¡No lo pienses más!, inmediato quiere decir ¡Ahora!, ahoritita, de hecho si ya en tu mente aparecieron esas ideas o pendientes que has estado postergando por meses o años, no se diga más:

¡Hazlo Ahora!, nos vemos después...

Vitamina 212

¡Alto a las Excusas!

Pensar que algo es difícil desde el inicio y aún antes de empezar, es una gran excusa, pues ni siquiera has emprendido la acción.

En resumen, en el mundo no hay nada difícil para los que ponen su mente en ello, eliminan las excusas y se ponen a trabajar.

Las excusas son el mayor enemigo que tienen muchas personas, pues son la causa de que no nos movamos de la zona de confort.

Por supuesto que al comprometerte y eliminar de tu vida las excusas te sentirás desprotegido, pues durante muchos años han sido el pretexto para no hacer lo que debías hacer, sin embargo, una vez que te decides a sacarlas de tu vida y activar en ti el principio de la Autodisciplina: "Hacer lo que tenga que hacer cuando lo tenga que hacer, independientemente de que tenga ganas o no de hacerlo", cada vez las usarás menos.

¡No lo pienses mucho!, si quieres tener éxito en cualquier área de tu vida, comienza a sacar de tu mente todas esas excusas y pretextos ilógicos que has tenido y aprendido durante muchos años, ¡Basta de Excusas! y comienza a reconocer toda esa grandeza y potencial que tienes, las personas que ya han pasado a la Historia, sin duda, están ahí por que dejaron fuera de su vida las excusas.

Hoy y siempre, es un gran día para preguntarte: ¿Cuáles son las excusas más frecuentes que utilizas para postergar o dejar de hacer lo que hoy es más importante para tu vida?, ¿Por qué las usas? ¿Qué ganas?, ¿Cuánto has dejado de hacer en tu vida o te has perdido por utilizar la excusas?

¡No lo pienses más! si quieres ser exitoso, por favor, comienza a tomar una hoja y una pluma, y con honestidad comienza a responder las preguntas anteriores.

¡Basta de Excusas! y ¡Hazlo Ahora!, si lo haces habrás dado un gran paso a la realización de tus sueños.

Vitamina 213

Entusiasmo

El entusiasmo ¡Mueve montañas!, no se puede lograr nada sin entusiasmo.

Hoy y siempre, es un buen día para preguntarte ¿Qué actividad o tarea está faltando en tu día a día que te permita sentir entusiasmo?

El hacer ejercicio, dormir bien, comer sano y nutritivo; es también fuente de entusiasmo, el involucrarnos en apoyar a otros y ayudar; es también un generador de entusiasmo, el hacer alguna actividad extra laboral de las cosas que amas hacer, también provocará entusiasmo.

El punto aquí es: ¿Qué te entusiasma hacer?, ¿Qué amas hacer y que por supuesto, no lo has hecho en mucho tiempo?

Hoy y siempre, es un buen día para dedicar algunos momentos a esas actividades que te entusiasman, ¿No tienes tiempo?, ésta es una respuesta ¡Incorrecta!, ¡No hay pretextos! "Hoy" lo tienes que hacer, ¿Cómo le vas a hacer para que suceda?

El Entusiasmo es un estado mental que nos inspira y nos impulsa a poner en acción la tarea que tenemos delante de nosotros. El Entusiasmo tiene la misma relación con el ser humano que la que tiene el vapor con la locomotora: Es la fuerza motriz vital que impulsa la acción.

Vitamina 214

Acción + que palabras

Una acción vale más que mil palabras, podemos pensar muy padre, hablar todavía mejor y por qué no, inspirar y motivar a otros con nuestras palabras, pero... si nada sucede y todo se queda en palabras, de nada sirvió.

La acción es el detonador para que las ideas se materialicen y sean una realidad. Hoy y siempre, es un gran día para dejar de hablar y ponernos a Actuar y hacer que las cosas sucedan.

«Recuerda que nada va a pasar a menos que decidas que pase», si ya tienes un plan y sabes por dónde empezar, entonces: a TRABAJAR y si no lo sabes, pues ocúpate para tenerlo y comenzar ¡Cuanto antes!

Vitamina 215

Ayuda y apoya a los demás

Ayuda a los demás a obtener lo que desean y obtendrás lo que tú desees.

Si tu atención está enfocada a ayudar a que los demás sean mejores personas, les vaya mejor y por así decirlo, tengan una mejor calidad de vida, estás en el camino correcto, pues tarde o temprano recibirás tu recompensa.

Si tu ayuda a los demás es desinteresada y con un interés genuino de realmente apoyarles, tu vida te sorprenderá con grandes regalos, sólo como advertencia: No hagas todo esto por lo que recibirás, tú siempre debes actuar con honestidad en la ayuda y apoyo que ofreces a las personas.

El éxito de una buena persona se refleja en el éxito de las personas que la rodean. Hoy y siempre, es un buen día para apoyar a que las personas que están más cerca de nosotros puedan brillar y ser exitosas.

Vitamina 216

Aférrate a tus Principios Positivos

Aférrate a tus principios y creencias positivas que te garanticen que lograrás tus sueños y, por lo tanto, tu éxito, pero... deshazte de inmediato de todos esos paradigmas y creencias que están en tu mente y te están deteniendo a triunfar.

¿No sabes cuáles son?, muy sencillo:

Todo pensamiento que te diga: "que no puedes, que no tienes preparación, que tu familia no puede ser exitosa, que sólo la gente con dinero es la que tiene posibilidades de triunfar, que si no tienes un papel como título jamás podrás ganar mucho dinero, etc.", y todas las que tú quieras agregar y en este momento estén apareciendo en tu mente como el tráiler de una película. Todo eso se tiene que ir de tu vida, pues si no lo cambias y refrescas con nuevas creencias, jamás podrás mejorar tus resultados.

Como sé que después de leer lo anterior te sientes incómodo y no sabes cómo empezar, te sugiero preguntarles a otras personas qué es lo que piensan de esas ideas negativas o fatalistas tuyas, sólo te recomiendo preguntarles a "las personas que han demostrado ser exitosas", y se la han partido en lograr sus resultados. Contrasta la información y aprende de ese momento.

Hoy y siempre, es un gran día para sacar nuestras viejas ideas y comenzar a renovar con creencias positivas y constructivas nuestra vida y nuestra mente.

Vitamina 217

Pasión

«PASIÓN es creer en algo y hacer que el mundo crea lo mismo». Si lo que haces está conectado a lo que amas hacer todo sucederá más sencillo.

Una persona que siente Pasión por lo que hace puede disfrutar y dar siempre su máximo esfuerzo, su mejor esfuerzo, pues la PASIÓN late en lo más profundo de su Ser.

Atrévete a hacer lo máximo que puedas, en cualquier circunstancia de tu vida.

Hoy y siempre, es un buen día para preguntarte:

* ¿Cuáles serían los beneficios para tu vida, si siempre dieras tu máximo esfuerzo?
* ¿Qué ganaría tu entorno, familia, amigos, compañeros de trabajo, etc.?

No importa si estás enfermo o cansado, si siempre haces lo máximo que puedas y con Pasión, no te juzgarás a ti mismo en modo alguno. Y si no te juzgas, no te harás reproches, ni te culparás, ni te castigarás en absoluto.

Vitamina 218

¡Visualízate en Grande!

No fuiste creado para ser mediocre, sino que fuiste creado para alcanzar grandes alturas, de tal manera que lo único que falta es que lo creas tú.

Piensa en grande, visualízate en grande, actúa en grande y la maravillosa química de tu mente se encargará del resto.

Vitamina 219

¡Eres Grande!

Nunca me cansaré de repetir y de decirle a todo ser humano con el que tengo contacto que: ¡Eres grande! y tienes un enorme potencial, y aunque hoy todavía sientas que todo está mal en tu vida, o que no es tan fácil llegar a lograr tus sueños y por lo tanto, ser exitoso.

Sin embargo, si eres un ser humano como tantos otros que han logrado grandes cosas, lo puedes hacer; si tienes un cerebro y puedes pensar, ¡Eres grande!; si sabes leer y tomaste la Acción de empezar y terminar este libro, ¡Eres grande!; si a lo largo de toda tu vida has tenido resultados negativos y positivos, que al final se han convertido en Aprendizaje, ¡Eres grande!; si hoy crees que te puedes darte la oportunidad de volver a intentarlo, ¡Grandioso, Eres grande!; si hoy piensas positivo y conservas la Actitud Mental Positiva la mayor parte de tu día en tu vida, conseguirás lo que deseas y lo que quieres, porque: ¡Eres grande!

Por favor, ¡No lo pienses más!, ¡Ya no te cuestiones!, ¡Eres grande!, y si otros han logrado grandes cosas, te tengo noticias: ¡Tú también lo harás!

Hoy y siempre, es un gran día para reconocer tu grandeza y tu enorme potencial, ¡Eres grande! y si no estás convencido en esos momentos de dudas o de conflicto mental, repite una y otra vez: "¡Soy grande! y voy en camino a lograr cualquier cosa que me proponga".

Vitamina 220

Brinca los Obstáculos

Tu reacción positiva a los retos de tu vida es lo que te permite enfrentar la adversidad y las decepciones con las que te encuentras en tu camino al éxito. Casi todos los relatos o biografías de personas que han triunfado en su vida, incluyen obstáculos, problemas, fracasos, retrocesos que tuvieron que ser enfrentados antes de seguir adelante. Como dice la doctora Brothers: "La persona interesada en el éxito tiene que aprender a concebir el fracaso como una parte saludable e inevitable del proceso de llegar a la cima".

Estamos al final de este libro y no me gustaría despedirme de ti sin antes volverte a recordar e invitarte a que sigas adelante en todo lo que quieras lograr independientemente del resultado que hayas tenido hasta hoy.

Hoy y Siempre, es un gran día para olvidarte de las consecuencias del fracaso, ("aprendizaje" como yo le llamo, y te recomiendo mucho ya llamarlo así). El fracaso es y será siempre un solo cambio temporal de dirección en el camino recto hacia tu próximo triunfo.

La autora de la novela "La Cabaña del Tío Tom", Harriet Beecher, hace años escribió un claro y directo consejo: *«Cuando te encuentres en una situación difícil y todo esté en tu contra, al punto de que pareciera que ya no aguantas un minuto más, nunca te des por vencido, ése es justo el lugar y el momento en que cambiará la marea».*

Te deseo el mejor de los Éxitos en tu camino, y si en algún momento tienes dudas o las cosas no están resultando como lo planeaste, regresa a esta página y reflexiona el gran mensaje que encontrarás para ti.

Vitamina 221

Ejecución

«La ejecución es el mejor aliado para que las cosas sucedan, la postergación es el mejor pretexto para no hacer nada».

Ana María Godínez

Hemos llegado al final de este libro, así que te invito a: Tomar Acción y ejecutar todo lo aprendido en tu vida diaria, si requieres regresar una y otra vez a leer este libro, ¡Bienvenido!, ya no lo pienses más ¡Eres grande!, y todo el potencial ahí está, ya no hay pretexto. ¡Basta de excusas! y comencemos a trabajar y a escribir una historia de éxito en nuestra vida.

¡GRACIAS!

Te deseo el mejor de los éxitos y sinceramente espero saber de tus avances y todos tus logros.

¡Gracias!, por el tiempo invertido en la lectura de este libro.

Estoy al pendiente y para apoyarte en:

info@ignius.com.mx

Ana María Godínez.

Un Resumen de

Ana María Godínez González

Psicóloga, Empresaria, Escritora, Conferencista, Master en Dirección Estratégica y Gestión de la Innovación; Experta en Grupos Operativos, Herramientas de Educación, Entrenamiento Dinámico, Liderazgo y Ventas, especializada en procesos Industriales y de Negociación, cuenta con más de 16 años de experiencia práctica profesional.

Su formación la ha llevado a desarrollar nuevas perspectivas en herramientas de Productividad, Liderazgo, Ventas, Estrategia y Desarrollo Personal, generando un gran poder de transformación y acción dentro de las organizaciones, además, es reconocida por sus "video-entrenamientos" que, mes a mes, llegan a miles de personas en toda América.

Es co-Fundadora de Ignius Innovation® grupo de empresas dedicadas a integrar y generar diversos métodos prácticos y soluciones a nivel internacional enfocadas en el desarrollo de las personas, empresas y organizaciones, dentro de la que destaca Big River International Progress Network® empresa líder en e-Learning con impacto mundial.

Solicitud de Información

Por favor envíenme información acerca de:

Próximos talleres y eventos.
Adquisición de libros.
Servicios especializados de asesoría.

Nombre: _____

Compañía: _____

Teléfono:_____ (_____) _____

Dirección:_____

Ciudad:_____ Estado:_____

C.P.:_____ País:_____

Notas adicionales: _____

_____

Para recibir la información señalada, favor de enviar este formulario por fax a: **+52 (477) 773-0005**, o bien por e-mail a: info@ignius.com.mx

www.ingramcontent.com/pod-product-compliance
Lightning Source LLC
LaVergne TN
LVHW011346080426
835511LV00005B/151